Cosas que le diría a mi **YO** pequeño

Luzu y Lana

Cosas que le diría a mi YO pequeño

Para que nunca más vuelvas a decir
«si lo hubiese sabido antes...»

,

Ediciones Temas de Hoy, sello editorial de Editorial Planeta, S. A.
Avda. Diagonal, 662-664, 08034 Barcelona
www.temasdehoy.es
www.planetadelibros.com

Imagen de cubierta: © Luis José Daher

Diseño de interior: María Jesús Gutiérrez

© Imágenes de interior: Shutterstock

Primera edición: mayo de 2015
ISBN: 978-84-9998-487-2
Depósito legal: B. 8.638-2015
Preimpresion: Safekat, S. L.
Impresión: Huertas, S. A.
Printed in Spain - Impreso en España

El papel utilizado para la impresión de este libro es cien por cien libre de cloro y está calificado como papel ecológico

Índice

Introducción

Nadie nace sabiendo cómo no cometer errores ni cómo responder a las dudas que nos surgen mientras vamos creciendo; simplemente es así como funcionan las cosas. Y aunque nos parezca injusto, o quizá innecesario, tener que transitar de esta manera por nuestra vida, es importante para desarrollar nuestras propias experiencias y para cometer errores. Mucha gente se arrepiente de cosas que ha hecho, o desearía no haber actuado de alguna manera y, sin embargo, si no hubiéramos cometido esos errores, nunca nos habríamos convertido en las personas que ahora somos.

Dicho esto, también es cierto que durante todo ese tiempo de aprendizaje surgen muchas preguntas que tienen fácil respuesta, y algunas dudas que, si resolvemos a tiempo, pueden solventar situaciones que podrían hacernos daño. Pero a veces no nos atrevemos a preguntar a las personas que nos rodean. Con esta premisa nos decidimos a abrir un canal, hace ya 2 años, con el nombre de LuzuyLana. En él nos propusimos ayudar a todas las personas que tuviesen preguntas, dudas o preocupaciones y, además, hacer que pasaran un buen rato, creando la sección del Consultorio, que en muy poco tiempo fue bombardeada cada semana con preguntas de todo tipo, realizadas por seguidores de todas las edades y en todos los tonos, y que, con cariño, hemos intentado siempre responder.

Este libro es una pequeña guía con las que, creemos, son las preguntas más importantes que hemos recibido en el Consultorio, y aunque obviamente no están todas, sirven para responder muchas dudas y ayudar a todo aquel que crea que tiene un obstáculo en el camino.

Nos hemos repartido el trabajo a la hora de contestaros, y, a veces, además, cada uno de nosotros incorpora un comentario a la respuesta del otro. Lo veréis siempre que aparezca una flecha.

Desde luego, no existe un manual perfecto de cómo ser feliz y no sufrir jamás, pero sí hay determinadas maneras de enfrentarse a los problemas y encarar las situaciones para tener una vida más saludable, y están impresas entre las páginas de este libro. No intentaremos nunca decirle a nadie lo que hacer, ni tampoco que solo hay una solución a cada problema, pero sí dar el consejo que nos daríamos a nosotros mismos si nuestro «yo» del pasado viniese a preguntarnos algo. Por eso, en este momento tienes entre tus manos un libro que se llama *Cosas que le diría a mi yo pequeño.*

Cuaderno masculino

Tengo 24 años y una relación desde hace 3, pero he conocido a un compañero de trabajo que me hace sentir especial. Quiero a mi pareja y no deseo engañarla, pero no sé qué hacer con estos sentimientos hacia esta otra persona.

Pregunta para Lantia

Esto es algo que pasa más a menudo de lo que parece.

Es un sentimiento difícil de llevar, que provoca frustración y confusión. Antes de nada, quiero que te des cuenta de que eres humana y de que muchas veces podrás sentirte atraída por otra persona. Y no pasa nada. Sentirte simplemente atraída por tu compañero de trabajo no tiene por qué significar que quieras tener una relación con él.

Con frecuencia, nos atraen personas ajenas a nuestra relación, cuando la nuestra no va muy bien. Por eso, en vez de arriesgarlo todo por aquella persona nueva que te hace sentir especial, encuentra el tiempo para repensar tu propia relación. ¿Qué es lo que le falta? ¿Por qué no te sientes como antes? ¿Tu

pareja ha cambiado? ¿Tú has cambiado? Muchas veces esto pasa porque nos parece que nuestra pareja no es como antes. Yo que tú intentaría hablar con tu chico y tratar de arreglar las cosas, en vez de descartarlo todo sin más. Las relaciones duraderas requieren esfuerzo. Tú eres quien decide si esto merece la pena o no.

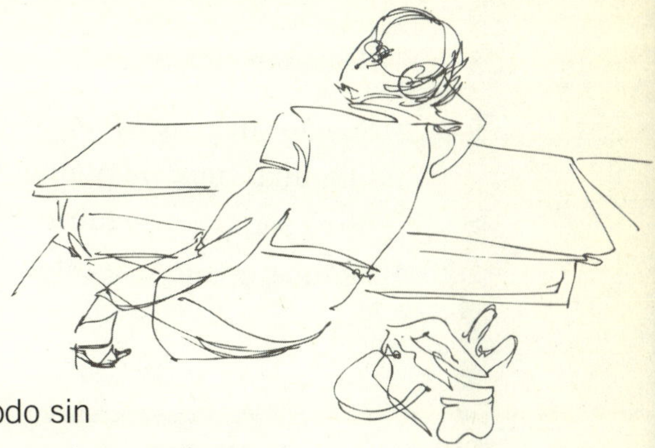

Por último, no olvides una cosa:
Termina una relación porque quieres
o porque no te hace sentir feliz;
nunca porque creas haber encontrado a alguien mejor.

Por cierto,
recuerda también
que lo que pensamos
acaba materializándose.
Si pones tu atención en aspectos negativos constantemente, solo verás eso. En lugar de hacerlo, busca aquello que te gusta en tu relación y concéntrate en ello!

Cuaderno masculino

Soy un chico de 17 años que nunca ha salido con ninguna chica, no por falta de ganas, sino porque no sé cómo conseguirlo. ¿Me podéis recomendar algunas estrategias infalibles para ligar?

Pregunta para Luzu

Quizá en este caso el problema pueda ser otro.

Por mucho que te extrañe, a todo el mundo le cuesta ligar. Por mucho que veas otros chicos a los que parece resultarles fácil o que tienen mucha confianza, es solo una apariencia. Lo cierto es que, cuando se trata de conquistar, todo el mundo está nervioso e inseguro, y no hay nada que puedas hacer para no sentirte así, porque, realmente, ¡no sabemos qué va a pasar!

Pero sí hay algo que puedo decirte, ya que yo era parecido a ti, y es que el problema no eres tú; el problema es que no has encontrado a la chica que te haga estar dispuesto a que te den igual los nervios. Tampoco te hablo del amor de tu vida, tan solo

de una persona lo suficientemente especial como para que no te importe estar nervioso y lanzarte. Aunque te cueste creerlo, llegado el momento, ni siquiera vas a pensar en los nervios.

(¡Mucha suerte!)

Cuaderno masculino

Soy un chico de 25 años y mi problema es que, aunque me resulta bastante sencillo conocer chicas, no consigo tener una relación seria con ninguna de ellas. Quizá el motivo es que hace dos años me rompieron el corazón y a todas las comparo con mi primera novia. ¿Qué es lo que me pasa, lograré superarlo?

Pregunta para Lanita

Parece como si estuvieras poniendo esas barreras porque tienes miedo de ser vulnerable de nuevo.

Temes dejar a alguien entrar en tu vida por si te rompe el corazón. No seas tan negativo con respecto al amor. Es maravilloso. Siempre hay una lección para aprender, incluso cuando las relaciones acaban mal. Cuando terminas con alguien, eres una persona diferente a la que eras cuando empezasteis a salir. Así que céntrate en ese aspecto de tus relaciones pasadas. No insistas en las cosas malas, fíjate en las buenas.

De todos modos, no creo que sea bueno comparar siempre tus relaciones anteriores con las actuales. Cada relación que tengas será un poco distinta. Por eso, no cierres tu corazón porque

te lo hayan roto antes. Tienes que seleccionar mejor a quién le das el privilegio de entrar en él, pero no dudes hasta el punto de terminar rechazando a todo el mundo por miedo. La vida consiste en asumir riesgos, pero, por supuesto, depende de ti decidir por quién merece la pena arriesgarse.

Lo cierto es que todas las personas con las que tengas una relación podrán herirte. No podemos controlarlo todo y no creo que esto sea malo. La gente está contigo por elección, no forzada u obligada. Eso hace que las cosas sean más emocionantes. Así que no tengas tanto miedo. No seas tan crítico.

¡Abre tu corazón!

¡Arriésgate!

¡Déjate enamorar sin temer nada!

Sinceramente, ¡¡te deseo lo mejor de lo mejor!!

Cuaderno masculino

Mi novia se ha enfadado porque me ha pillado porno y ahora piensa que soy un pervertido y que no la quiero, y yo no sé cómo arreglarlo. ¿Debería deshacerme de toda la pornografía? ¿Tan malo es?

Pregunta para Lulu

Hombre…,

he estado meditando mucho sobre la mejor manera de contestar esta pregunta, es un tema delicado. Por un lado, uno quisiera pensar que el hecho de estar con una chica que te llene hará desaparecer la necesidad de recurrir a… digamos «lecturas alternativas»; sin embargo, por otra parte, hay momentos de la vida, y en especial en la adolescencia, en los cuales estos temas son un bombardeo continuo.

Y este es uno de esos asuntos que todos los chicos ven normal y ante el que todas las chicas (o casi todas) reaccionan mal. Así que, teniendo en cuenta que no podemos recurrir a la comprensión de tu chica, creo que el mejor consejo que te

puedo dar, aunque suene increíble, es que escondas mejor tus lecturas alternativas.

No veo necesario que te deshagas de algo solo porque a tu novia no le gusta, siempre y cuando, eso sí, ese algo no sea ofensivo ni le haga daño de ninguna manera.

Lo que pienso es que estar viendo pornografía mientras tienes una relación puede crear fácilmente falsas expectativas sobre cómo serían las cosas cuando estás con tu chica. Si recurres constantemente a la pornografía para tener este tipo de satisfacciones, te costará conseguir... lo que ya sabes... con tu chica. Así que quizá deberías intentar dejarlo un poquito. No te estoy diciendo que lo abandones por completo, pero en vez de recurrir al porno, simplemente usa tu imaginación (jaja). ¡Suerte, amigo!

Cuaderno masculino

Soy un chico de 14 años que lleva desde siempre enamorado de la misma chica, pero la diferencia de edad es muy grande (ella tiene 19). Mis amigos me dicen que me olvide de ella y trate de fijarme en otras, pero no puedo ¿Es una locura seguir esperando?

Pregunta para Yanila

Ok, voy a ser completamente honesta contigo...

Estoy totalmente de acuerdo con tus amigos. Creo que, por el momento, deberías dejar tus sentimientos a un lado y fijarte más en otras chicas. Especialmente en las de tu edad. La razón por la que te digo esto es porque, si os embarcarais en una relación —que en algunos lugares sería ilegal, por si no lo sabes, jeje—, cada uno se encontraría en una fase diferente de su vida. Aunque una diferencia de 5 años normalmente no se considera demasiado, a vuestra edad realmente sí lo es. Hasta que cumplas los 20 o así, estarás en esta etapa de crecimiento constante. Estás atravesando la pubertad, aprendiendo un poco más de ti mismo, y tus intereses están constantemente cambiando. Nece-

sitas estar con alguien que esté al mismo nivel que tú. Alguien con quien puedas identificarte y compartir cosas. Esta chica ya ha pasado por esta etapa en su vida. Ella ya ha tenido 14 años. Ahora tiene 19, lo cual significa que seguramente ya ha madurado un poco más que tú. Seguramente está llegando a una etapa en la que necesita algo más significativo y un poco más serio.

¡Eres muy joven todavía! Te quedan muchas cosas por vivir. Aunque sé bien que con 14 años se puede tener una relación sólida, simplemente no creo que sea necesario. A esta edad deberías estar libre de preocupaciones y no crearte tantos problemas. ¡Tienes que divertirte! Seguro que te lo han dicho antes: continúa siendo un niño todo el tiempo que puedas. Te queda todo el resto de tu vida para meterte en cosas más serias. Y si de verdad no quieres esperar, entonces al menos encuentra a alguien que esté atravesando la misma etapa que tú.

Al final, ¡disfrutarás de esta clase de relación muchísimo más!

Estoy de acuerdo con Lanita, por desgracia, una chica de 19 no se va a fijar en un chico de 14, y no porque no seáis compatibles, sino porque ella está mirando a los de 23 ahora mismo... ¡jaja!

Cuaderno masculino

Mi novia siempre me reprocha que soy poco romántico, que no la quiero como antes. Esto no es cierto, pero tengo un trabajo de ocho horas y estoy sacándome un grado por la Universidad a Distancia. Apenas tengo tiempo libre y cuando lo tengo lo que me apetece es dormir o desconectar de todo con videojuegos, series o películas. ¿Cómo hago para que lo entienda? Quiero a mi novia, pero lo último que me apetece es aguantar reproches y malas caras cuando estoy con ella.

Pregunta para Luzu

Te entiendo perfectamente.

En ocasiones la vida es bastante dura en cuanto a horarios, y si ya nos resulta complicado cuidar de nosotros mismos en esos horarios, lo es aún más cuidar la relación con otra persona.

En estos casos siempre opino que lo importante es que tu pareja entienda que estás en una situación complicada en la que no puedes jugar a «vamos a sentarnos a hacer cualquier cosa 3 horas todos los días», porque esa costumbre, en general,

acaba deteriorando la pareja y solo hace que aparezca la desgana hacia el hecho de estar juntos.

Lo ideal sería que ella pudiera darte el espacio que necesitas durante la semana, por ejemplo, y que a cambio de ese sacrificio tú tuvieras el detalle de reservarle las tardes del fin de semana. De esa manera, además, incluso echarás en falta el tiempo que pasas con ella en vez de sentir que su compañía es una carga que tienes todos esos días entre semana en los que lo que de verdad te pide el cuerpo es descansar. Es importante priorizar, y eso aunque nuestra pareja, familia y amigos deben ser fundamentales en nuestra vida.

Simplemente existen ocasiones
en las que tenemos que organizarnos
para que todo vaya mejor.

Cuaderno masculino

Jodí la relación con la chica de mis sueños por una infidelidad que, aunque no significó nada para mí y se debió a que estábamos pasando por un mal momento, ella no pudo perdonarme. Aunque ha pasado tiempo, no soy capaz de pasar página y creo que ella tampoco. ¿Cómo puedo demostrarle que he cambiado y conseguir una segunda oportunidad?

Pregunta para Lanita

Para ser completamente honesta contigo, creo que, si la quisieras de verdad, nunca la habrías engañado con otra persona.

Incluso cuando las relaciones de pareja se ponen difíciles, las personas deberían respetarse mutuamente. Y si no lo hacen, significa que nunca han estado enamoradas.

Creo que de verdad deberías aprovechar este momento para reflexionar sobre ti mismo. ¿Por qué ibas a poner en peligro tu relación por algo que para ti no significaba nada? ¿Te acabas de dar cuenta de que quieres recuperarla porque se ha vuelto a convertir en un reto? Como dicen, siempre queremos lo que no podemos tener. Y creo que esto, más que lo que deseamos realmente, refleja mejor lo que somos.

Párate también un momento a pensar cómo te lo habrías tomado tú si fueras ella. Te sentirías profundamente herido y tendrías miedo de volver a confiar en alguien que te ha traicionado. ¿Podrías perdonarlo? Y, si es así, ¿en qué circunstancias? La mejor manera de lidiar con todo esto es teniendo empatía.

Haz lo que te gustaría que te hicieran a ti si hubiera sucedido al contrario.

Estoy de acuerdo con Lanita y, de hecho, si hay algo que constantemente hemos repetido en los vídeos es que **las segundas partes nunca fueron buenas.** Es un dicho que, salvo contadas excepciones, siempre funciona.

Cuaderno masculino

Hace un año rompí la relación con mi pareja después de varios meses de discusiones constantes. Ahora, mi exnovio quiere que volvamos y me ha prometido que va a cambiar y que esta vez será diferente. ¿Debo darle otra oportunidad? Me costó bastante superar la primera ruptura y no quiero pasar otra vez por lo mismo, pero sigo teniendo sentimientos hacia él.

Pregunta para Luzu

Creo que tanto Lana como yo contestaríamos a esta pregunta de la misma manera:

no somos amigos de las segundas partes. Esto no quiere decir que sea imposible que salga bien, solo que cuando dos personas deciden dejar de estar juntas por un motivo, ese motivo suele ser de peso. Lo que muchas veces ocurre es que el tiempo de separación hace parecer que la razón que causó la ruptura ha cambiado, o que otras maneras de llevar la relación son posibles, pero la realidad es que esa situación suele durar más bien poco y ambos miembros de la pareja enseguida vuelven a estar exactamente en el mismo punto donde lo dejaron.

Mi recomendación es que, si estuviste con esta persona y no funcionó, sigas hacia delante para poder conocer a otros y tener otras relaciones.

Alguna quizá salga bien, o quizá no, pero estarás avanzando en lugar de estancarte atada a un ancla que te retiene en una circunstancia que ya has vivido y que no salió bien.

¡¡SÍ!!

Estoy totalmente de acuerdo contigo en este caso. Ten en cuenta que **hay muchos peces en el mar.** Llegará el momento en que encontrarás a una persona con la que encajes tan bien que ninguno tendrá dudas sobre la relación.

Cuaderno masculino

Mi novio no deja de mirar a otras chicas y comentar que son guapas. Lo hace cuando estamos con sus amigos, sobre todo, y a mí es algo que me molesta bastante, pero si me enfado me dice que no tengo motivos, que él no me engaña ni nada por el estilo y que saco las cosas de quicio. ¿Creéis que es cierto o que hay algo más?

Pregunta para Lantta

La verdad es que solo porque tengamos una relación con alguien no significa que no nos podamos sentir atraídos físicamente por otra persona.

¿Nunca te has dicho a ti misma «¡Dios mío, qué guapo!», al ver a un chico atractivo pasando a tu lado? ¡No mientas! Eso nos pasa a todos. ¡Es la naturaleza humana!

Por otra parte, no creo que sea absolutamente necesario decirle a tu pareja que alguien te parece atractivo. No porque debieras avergonzarte de ello ni porque sea algo malo y tengas que guardarlo en secreto, sino simplemente por respeto. Hacer comentarios como estos no aporta nada a tu relación.

Como siempre, habla con tu chico. No hagas que se sienta atacado, pero hazle ver con tranquilidad que, aunque comprendes que él se siga sintiendo atraído por otras chicas, te haría un favor si se guardara sus comentarios para sí mismo y para sus amigos, y no porque estés celosa, sino porque a ti, realmente, no te interesa oírlo.

¡Espero haberte servido de ayuda!

¡Suerte!

Cuaderno masculino

Mi chica y yo somos muy diferentes y no nos gustan las mismas cosas. Aunque estoy enamorado de ella, muchas veces se hace muy difícil llegar a acuerdos y acabamos discutiendo con frecuencia. ¿Es normal que sea todo tan complicado o debería replantearme la relación?

Pregunta para Luzu

La gente suele tener una percepción errónea de lo que es una «buena» relación;

con frecuencia se cae en el error de creer que para que sea duradera las dos personas tienen que ser iguales, pero la realidad es que esto no es cierto. Lo que de verdad es interesante es que las personas se complementen, se completen, pero sobre todo que sepan y estén dispuestas a hacer sacrificios el uno por el otro.

Obviamente, si descubres que a tu novia no le gusta absolutamente nada de lo que a ti te gusta hacer, y a ti no te apetece hacer absolutamente nada de lo que a ella le gusta, esto va a crear asperezas que con el tiempo se convertirán en problemas,

pero siempre y cuando existan al menos algunas cosas sobre las que discrepéis pero ante las que, sin embargo, estéis dispuestos a ceder pensando en el otro, todo irá fantásticamente.

Las relaciones no significan dejar de ser uno
para ser una unidad con el otro,
sino convertirse en un equipo
formado por dos personas.

Cuaderno masculino

Mi exnovia y yo terminamos bastante mal y ahora me he enterado de que va contando secretos míos a todo el mundo. ¿Qué hago? ¿Cómo puedo vengarme?

Pregunta para Lanita

Lo siento mucho.

Es siempre desagradable cuando alguien en quien confiabas te traiciona. El hecho de que, al poco tiempo de haber dejado una relación, seáis enemigos demuestra que estás mucho mejor sin ella. Probablemente lo hace porque le duele y es la única manera que encuentra para afrontar sus sentimientos. Pero no es precisamente la forma más sana o amable de hacer las cosas. Sé que sientes rabia y crees que deberías vengarte de ella, pero, para ser honesta, es lo último que deberías hacer. Eso solo empeorará la situación y, al final, sentirás más rabia todavía que antes. Te aconsejo hablar con ella. Tener una conversación civilizada. Mantén la calma y, por muy duro que sea, no expreses tu rabia.

En esta situación, tú tienes que ser la persona más madura. Hay un dicho inglés:

«Con la miel coges más abejas»...

Quiere decir que puedes conseguir muchísimo más en la vida siendo amable.

Así que, cuanto más amable seas en este caso, mejor será el resultado.

Estoy de acuerdo, pero además es importante recordar que es mejor alejarse de las cosas malas, que producen más negatividad en nuestra vida. Quédate con lo bueno e ignora lo malo, serás más feliz.

Cuaderno masculino

Me he ido a vivir con mi pareja, pero el piso en el que estamos es de sus padres, y su padre no aprueba nuestra relación, por lo que de momento tenemos que llevarlo en secreto. A mí no me importa, pero cada vez que vienen de visita tengo que marcharme de la casa durante esos días para que su padre no se entere, y pedir favores a amigas si quiero tener un sitio donde quedarme. Le he propuesto buscar otra casa para los dos, pero él está en paro y no puede permitirse ese gasto. No se me ocurre ninguna solución, la verdad.

Pregunta para Luzu

Normalmente recibimos preguntas sobre cuestiones muy generales, de esas que a todo el mundo le ocurren, y otras veces casos muy particulares.

Creo que este es uno de esos. La verdad es que es una situación incómoda, puedo imaginarme que no es nada fácil llevarla, por no poner en peligro la relación y por la delicada posición en la que se encuentra tu chico. Sin embargo, soy de los que siempre

han pensado que hablando se entiende la gente y que sentándose a conversar con bondad y una sonrisa siempre se acaban arreglando las cosas, incluso en situaciones complicadas.

Esta podría ser una de ellas y, puestos a pensar la mejor solución, lo que me viene a la cabeza es que el padre de tu novio pueda entender lo que ocurre y os apoye. Para ello necesitáis hablar con él y preguntarle si os puede echar una mano permitiendo que viváis en su piso.

Pocos padres he conocido que ante una petición sincera de ayuda por parte de sus hijos y sus parejas se hayan negado, por mucho que en ocasiones nos intimiden o nos puedan parecer gruñones.

De cualquier manera, sabes que el primer paso no es hablar con el padre de tu novio, sino hablar con él y convencerle de que lo mejor es ser sinceros y vivir tranquilos, desechando esa preocupación constante de una vez.

Cuaderno masculino

Necesito ayuda, llevo con mi pareja dos años y medio, pero mi problema es que soy muy celosa, desconfío todo el rato y la cosa más tonta me hace sospechar. Tuve una relación anterior que acabó por este motivo y no quiero que la historia se repita, pero es que no lo puedo evitar y lo paso muy mal. ¿Qué puedo hacer?

Pregunta para Lanita

Los celos son como el veneno, no solo para tu relación, sino también para tu propia mente.

La mayor parte de lo que sientes solo pasa en tu cabeza. Son situaciones imaginarias que tú has creado y, muy probablemente, no son ciertas.

Los celos tienen mucho que ver con la falta de autoestima. Sientes que no mereces la pena. «¿Por qué me iba a querer? No entiendo por qué alguien como esta persona podría sentirse atraído o atraída por alguien como yo»... Estas son reflexiones que muy probablemente han pasado por tu cabeza algunas veces, ¿verdad? Solo quiero que sepas que siempre habrá personas más guapas, más ricas, más graciosas, más inteligentes, ¡o

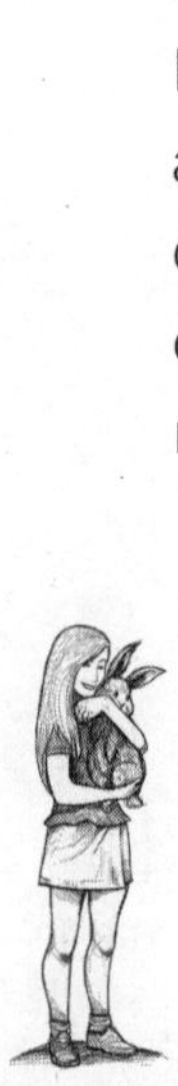

lo que sea! Siempre habrá alguien mejor. Pero tienes que entender que tu pareja está contigo porque ve algo especial en ti. Entre vosotros hay un vínculo que es claramente muy fuerte. Por eso, no dejes que se rompa por algo así.

También me gustaría remarcar que las parejas no son objetos o juguetes que se han de vigilar constantemente. Nadie es dueño de nadie. Todos somos libres para hacer lo que queramos en la vida. Así que, para amar a alguien de la manera correcta, tenemos que entender que podríamos perderlo en cualquier momento. A nadie se le puede obligar a permanecer en una relación; estás en ella solo porque quieres estar. Siempre es resultado de una elección, así que ¡dale una buena razón para que esté contigo!

Si sigues siendo sobreprotectora,
es muy probable
que hagas que las personas se alejen de ti.
Enseña a los demás tu mejor cara
y ellos te enseñarán la suya.

Totalmente de acuerdo con Lanita, los celos solo destrozan lo que algo puede ser, especialmente cuando la otra persona no te ha dado nunca motivos para que los tengas. Concéntrate en la persona que quieres ser cada vez que esos celos afloren; poco a poco conseguirás que esa voz desaparezca.

Cuaderno masculino

Estoy enamorada de dos chicos a la vez.
¿Cómo puedo elegir entre los dos?

Pregunta para Luzu

Creo que todos hemos estado en una situación así alguna vez.

Hemos conocido dos personas al mismo tiempo y sentimos algo por las dos, de modo que nos resulta casi imposible decidirnos, porque parece que cada una por separado es genial y la relación podría funcionar de igual manera. Pero también soy de los que piensan que en estas circunstancias solemos dejar que la cabeza dicte los pasos, que sea ella la que analice los pros y contras de cada una de las personas, cuando en realidad, si dejáramos hablar a nuestros sentimientos, solo habría una por la que estaríamos dispuestos a hacer cualquier cosa.

Es una de esas situaciones en las que tienes que plantear preguntas extremas para poder contestar; como te digo, si te paras y lo meditas de verdad, probablemente sepas cuál de las dos personas prefieres, pero de forma sincera, no porque tu cabeza te diga que una opción es la mejor.

Coge una moneda y elige qué cara representa a cada chico.

Tírala al aire y la cara que te salga será tu respuesta. Si la cara que sale te hace sentir bien, entonces sigue tu instinto. Y si te sale una cara con la que notas un pequeño nudo en tu estómago, eso demuestra que el otro es la mejor elección para ti. A veces las cosas son así de simples.

Cuaderno masculino

Soy un chico de 21 años con una relación estable desde hace dos y medio. Quiero mucho a mi pareja pero sé que ella quiere tener hijos en un futuro y yo tengo claro que no. Aunque somos jóvenes, estamos bastante convencidos y no creo que ninguno de los dos cambie de idea. Estoy empezando a pensar que lo nuestro no tiene futuro ¿Debería romper la relación o esperar un tiempo por si ella cambia de parecer?

Pregunta para Lanita

Estoy de acuerdo en que sois muy jóvenes y las cosas pueden cambiar, pero también creo que es mucho más probable que alguien que no quiera tener hijos cambie de idea, en vez de lo contrario.

Creo que, mientras tanto, no deberías preocuparte demasiado. Obviamente, este es un asunto importante, algo con lo que tendréis que lidiar en algún momento, pero ahora mismo los dos sois jóvenes. A no ser que ella quiera tener hijos en un futuro próximo, simplemente divertíos y disfrutad de vuestro tiempo en común.

Quizá, cuando maduréis un poco más, llegará el momento en el que penséis de la misma manera (sea cual sea). Pero una cosa está clara: ninguno de los dos debería renunciar a su ideal para complacer al otro.

Esto solo os haría llevar una vida llena de insatisfacción y resentimiento.

Creo que simplemente deberías pensar que una relación no solo trata de quererse, sino de estar de acuerdo en algunas cosas que son importantes para ambos. Como dice Lanita, espera y estate tranquilo, y llegado el momento sabrás qué es importante para ti.

Cuaderno masculino

Tengo una relación estable desde hace diez años con la mujer de mis sueños, el problema es que al principio le fui infiel y, aunque conseguimos superarlo, cada vez que discutimos por cualquier razón acaba echándome en cara siempre aquel error y me hace sentir como una mierda. Me da miedo que lo que tenemos se deteriore por ese motivo, ¿qué puedo hacer?

Pregunta para Luzu

Siempre he creído que en las relaciones hay que ser honesto;

no solo ayuda, sino que es absolutamente necesario para poder confiar el uno en el otro. Igualmente cierto es que una infidelidad crea una cicatriz que es muy difícil hacer desaparecer y que muy pocas personas quieren de verdad perdonar. Es algo positivo el hecho de que tu pareja lo hiciese y que pudieseis seguir adelante, pero desde luego, si cada vez que peleáis te lo echa en cara, eso significa que en el fondo sigue guardando sentimientos negativos por lo que pasó.

Me parece que lo importante que debes hacer aquí es tener una conversación con ella, una conversación de las de verdad. En lugar de intentar simplemente arreglar la situación cuando

tengáis una riña, necesitas dejar claro con ella si de verdad te ha perdonado o no. Si no lo ha hecho o cree que jamás será capaz de hacerlo, me parece que ya sabes lo que te voy a decir...

Una relación nunca debería estar sustentada
sobre una base de resentimiento;
aunque se niegue su existencia,
si esta negatividad aflora en cada bache,
puede estropearlo todo.

Cuaderno masculino

Mi novia y yo tenemos la misma mejor amiga, lo cual es bastante guay cuando salimos por ahí o hacemos cosas chulas, pero cuando discutimos o tenemos problemas de pareja no tengo a nadie con quien desahogarme o a quien pedir consejo, pues pienso que, si le cuento algo a mi amiga, puede decírselo a mi novia o darle la razón a ella. ¿Creéis que debería confiar más en ella o no?

Pregunta para Lanita

Sí y no. Sí, porque, al fin y al cabo, ella es tu mejor amiga. Pero no, porque es también la mejor amiga de tu novia.

Esta situación puede ser un poco complicada. Aunque es bonito, por muchas razones, compartir la mejor amiga con tu novia, creo que es muy importante tener a alguien en quien puedas confiar que sea SOLAMENTE amigo tuyo. O, por lo menos, que sea más amigo tuyo.

Es frustrante no tener una persona en quien confiar al cien por cien. Creo que todos necesitamos un amigo de este tipo en nuestra vida. No te estoy diciendo que tengas que contárselo todo a alguien, pero está bien tener esta opción.

También porque es bonito sentir esta clase de independencia. Está bien tener vida fuera de vuestra relación y pasar tiempo con otra gente sin tu chica. No es solamente bueno para ti como individuo, ¡sino también para la pareja! Así que quizá deberías dirigirte hacia algún otro amigo.

No creo que tengas que abandonar a tu mejor amiga, porque siempre puedes tener más de «un» mejor amigo, pero, desde luego, tengo claro que a veces es más importante mantener un poco separadas las amistades y las relaciones.

Cuaderno masculino

Me ha pedido salir un chico muy majo de mi clase, es muy buena persona y me río mucho con él, el problema es que no es muy guapo y mis amigas me dicen que no salga con él, que hay otros mejores, y no sé qué hacer, no quiero que se burlen de mí.

Pregunta para Luzu

Lo primero que te voy a mencionar es que, si alguna vez te gusta alguien, sea quien sea, importa muy poco lo que piensen los demás o si se burlan.

Si haces caso a ese tipo de cosas, al final solo te quedará un poso de superficialidad y materialismo del que te vas a arrepentir. Según vas madurando en la vida, te vas dando cuenta de que, efectivamente, las opiniones de la gente importan muy poco cuando se trata de lo que nosotros queremos o de las personas que nos hacen felices, así que apaga esa voz que te pide que escuches lo que piensan los demás.

Por otro lado, la verdad es que no.., no creo que debas salir con ese chico. El hecho mismo de preguntarlo muestra que no te gusta; si te gustara, estarías segura. El amor no es un análisis de situación, es una situación en sí mismo. No deberías estar valorando las características de este chico para decidir qué hacer, sino saber a ciencia cierta que en verdad quieres estar con él.

Pero si quieres un consejo de verdad,
no salgas con nadie
mientras tengas esta forma de pensar:
necesitas aclarar tus prioridades.

Estoy de acuerdo con Luzu.
Creo que, si te gustara de verdad,
no dejarías que afectara a tus sentimientos
lo que te diga un extraño. Así que, esta vez,
tienes que seguir hacia adelante.
Y, para que te sirva en el futuro,
no permitas que la opinión de otras personas te condicione tanto.
Esto no solo te será útil para las relaciones,
sino también para la vida en general.

Cuaderno masculino

Hace unos meses decidí romper la relación con mi novio porque me sentía infeliz y dudaba sobre si estaba enamorada o no. Ahora que ha pasado un tiempo y han sucedido muchas cosas, me doy cuenta de que fue un error. ¿Cómo puedo recuperarlo?

Pregunta para Lanita

¿Estás segura de que fue un error?

¿O estás simplemente insegura porque te sientes un poco sola? Lo mejor que puedes hacer es replanteártelo bien y hacer una lista de las razones por las que rompiste. Piensa en ello con cuidado. Nuestra memoria se nubla cuando reflexionamos sobre las relaciones pasadas. Muchas veces olvidamos el dolor o los sentimientos tristes y solo recordamos los buenos momentos. Intenta ver más allá de esto y revive cómo fue realmente tu relación. ¿Por qué te sentías insegura antes? ¿Cuáles fueron las razones?

Luego, escribe en un papel por qué quieres volver con él. ¿Porque realmente lo echas de menos? ¿O es porque solo echas de menos estar con alguien? Sé que es duro superar una rup-

tura, incluso cuando somos nosotros los que hemos roto con alguien. Por eso, piensa en todo esto muy muy bien, antes de intentar volver con él. Y si, después de tanto pensar en ello, de verdad quieres estar con él, simplemente háblale. Sincérate, sé honesta. Explícale las razones que en su momento te hicieron terminar aquella relación y dile que ahora estás absolutamente convencida de que esto es lo que quieres. Todos somos humanos. A veces no estamos seguros de ciertas cosas y no pasa nada por ello.

Quizá haberos tomado este descanso
os haya ayudado a los dos
a entender lo que queréis.

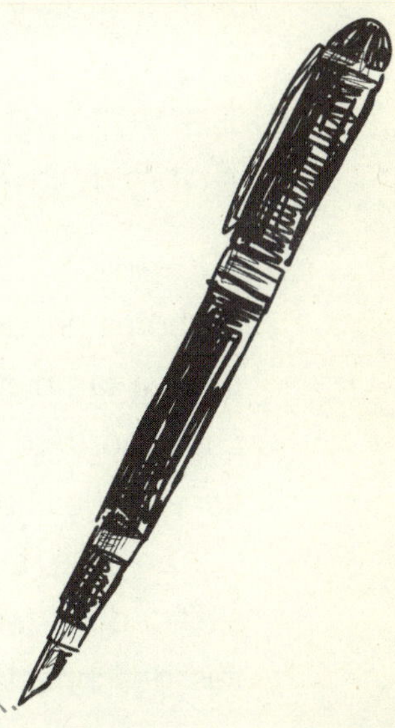

Pase lo que pase, espero que todo te vaya bien.

Cuaderno masculino

Mi pareja y yo llevamos un tiempo agobiados con el trabajo y los exámenes y nos vemos poco, pero además es que cuando quedamos él está todo el rato pendiente de su móvil, con Internet, whatsapp o Facebook. Aunque ya le he dicho que me molesta muchísimo, parece que no puede evitarlo y se escuda en que tiene que estar siempre conectado por su trabajo. ¿Qué me recomendaríais?

Pregunta para Luzu

La verdad es que en tu situación os entiendo un poco a ambos.

Me explico... Yo, por ejemplo, también trabajo conectado las 24 horas del día, y es algo que, a menos que tu pareja entienda o haga también, muy difícilmente va a poder sobrellevar. En tu caso, no trato de justificarlo a él de cualquier forma, creo que tienes todo el derecho a estar incómoda con esta situación.

Lo que te recomendaría es que hablarais sobre la posibilidad de tener pequeñas veladas en las cuales ambos estéis desconectados al menos durante una hora. Parece poco, pero una hora es un tiempo genial para poder hablar sin distracciones ni trabajos, y no demasiado para aquellas personas

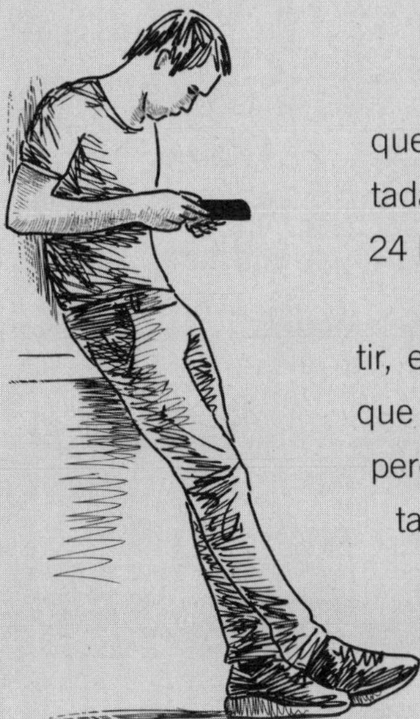

que realmente necesitan estar conectadas por razones profesionales las 24 horas.

Como siempre intentamos transmitir, el trabajo es muy importante y hay que dedicarle todo nuestro esfuerzo, pero las personas a las que queremos también lo son, y hemos de saber manejar nuestro tiempo para darles la atención y el cariño que merecen, así que habla con él y ¡mucha suerte;

ESPERO QUE
TODO VAYA
MUY BIEN!

Cuaderno masculino

Mi chica y yo llevamos saliendo desde hace ya 2 años y hemos hablado de irnos a vivir juntos en varias ocasiones. El problema es que mi pareja odia a los animales y yo tengo un perro que adopté un año antes de conocerla. Es grande, muy cariñoso, pero bastante nervioso también, y necesita atención constante. Mi novia pretende que me deshaga de él, pero eso es algo que no quiero ni pensar, ya que lo considero como de mi familia. Me tienen contra la espada y la pared, no puedo elegir entre mi novia y mi perro. ¡Ayuda!

Pregunta para Lanita

Bueno, ya me conoces…

¡Sabes que soy la mayor fan de los animales que hay en el mundo! Por eso estoy segura de que ya sabes la respuesta que te voy a dar... ¡DEJA A TU NOVIA! (Jajajaja…, estoy de broma, no te preocupes). Pero lo que sí creo es que tu novia necesita comprender que tú y tu perro habéis sido inseparables desde el principio. Lo lógico sería que ella considerara normal, en el caso de que algún día decidieseis vivir juntos, que el perro fuese con vosotros. Es muy injusto de su parte decirte que deberías deshacerte de tu perro por ella.

Lo que tienes que hacer es asegurarle que, si de verdad no siente nada por él, no debería preocuparse por cuidarlo. Me imagino que a estas alturas estarás muy acostumbrado a cuidarlo tú mismo, así que puedes seguir haciéndolo como hasta ahora. Pero, por favor, nunca hagas algo tan drástico como abandonarlo (por ponerte un ejemplo) por una relación, porque, francamente, la persona que te obligue a tomar una decisión de este tipo en realidad no merece la pena.

¡Suerte!

¡GUAU, GUAU!

Este es territorio Lanita totalmente, ¡jajaja! Mírame a mí... No era una persona de tener animales y ahora tenemos un equipo de baloncesto formado por 2 gatitas y 2 conejitos.

¡Wooohooo!

Cuaderno masculino

Tengo 29 años y voy a casarme dentro de poco. El problema es que, aunque amo a mi prometida, me pone muy bruto mi cuñada, a la que acabo de conocer hace unos meses y no puedo quitármela de la cabeza. ¿Será algo pasajero o hay algo que pueda hacer?

Pregunta para Luzu

Creo que solo voy
a decirte una cosa,

e intentaré hacerlo con todo el tacto
que hay dentro de mí:

**¡lo siento mucho
por tu pareja!**

¡Jajaja!..., no podría estar más
de acuerdo. Y, honestamente,
si sientes algo por alguien
al margen de vuestra relación
(especialmente tratándose de
SU HERMANA),
¡eso solo demuestra que esta chica
no está hecha para ti!

Yo que tú, reconsideraría lo de casarme...

Aunque no te lo parezca ahora, realmente
le estarías haciendo un favor.

Cuaderno masculino

Desde hace varios meses estoy saliendo con una chica de la que estoy muy enamorado. Para ella es su primera relación seria y hay veces que parece que no confía en mí para contarme sus cosas y que no me tiene en cuenta en muchas de las cosas que hace. ¿Es demasiado independiente o es que está jugando conmigo?

Pregunta para Lanita

Si esto es algo que te preocupa de verdad, sencillamente habla con ella.

Además, creo que no deberías juzgarla tan rápido, ya que hay muchas personas que son muy independientes, sobre todo si nunca han tenido una relación seria. Yo no le daría demasiada importancia, la verdad. Simplemente ábrete a ella. Es probable que no tenga ni idea de que está haciendo algo «mal».

De todos modos, sí creo que, a veces, es bueno ser un poco independiente. Obviamente, debe haber un equilibrio, pero estoy convencida de que conviene hacer lo que uno

quiere. Quizá te parece que ella es demasiado independiente porque tú no lo eres lo suficiente. Creo que toda esta situación refleja algo de ti mismo. Así que, ¡piensa en ello! Y, como dije más arriba, si algo te preocupa de verdad, tan solo háblalo con ella.

La comunicación es clave para una relación.

Además de lo que comenta Lanita, recuerda que

cada persona es distinta y tiene velocidades diferentes.

El hecho de que tú te sientas cómodo para compartir cosas ya, no significa que ella deba experimentar lo mismo, aunque tampoco que nunca lo vaya a sentir.

Cuaderno masculino

Mi novio y yo llevamos varios meses de relación y hasta ahora todo iba perfecto, pero desde hace unos días me está presionando para que le presente a mis padres y yo no quiero que se conozcan de momento. La verdad es que no creo que les vaya a caer bien a ellos, y sería una situación muy incómoda para mí. ¿Cómo hago para quitárselo de la cabeza?

Pregunta para Luzu

No te preocupes, la respuesta a esta pregunta es muy fácil.

Nunca debes hacer nada para lo que no estés preparada o que te resulte incómodo. Especialmente con los temas de pareja, hay determinadas cosas que añaden seriedad o compromiso a la relación, y las dos personas que la forman no siempre tienen por qué llegar a ese punto a la vez.

Cada uno somos diferentes y hay que respetar las decisiones y formas de ser de los demás, así como expresar las nuestras propias sin temor.

Por otro lado, no te preocupes por el tema de que les caiga bien a tus padres o no; al final, si tu novio te hace feliz, eso es algo que ellos valorarán y le apreciarán por eso.

El objetivo complicado en el caso de las novias es el padre, así que, cuando estés preparada,

si ves que tu padre y tu chico
tienen cosas o gustos en común,
¡¡ataca por ahí para crear un vínculo!!

Cuaderno masculino

Voy a conocer a los padres de mi novia y estoy bastante nervioso porque de entrada no suelo caer bien a la gente. ¿Alguna sugerencia para gustarles?

Pregunta para Lanita

¡Sé tú mismo!

Intenta ser aquella persona de la que se enamoró tu novia. Creo que estás siendo muy duro contigo mismo. Estoy segura de que en tu mente estás imaginando situaciones en las que no caes bien a las personas cuando te conocen. No empieces pensando que les caerás mal; mejor empieza pensando que les caerás bien. Si te convences a ti mismo de que todo saldrá perfecto, lo más probable es que así sea. Este pensamiento te dará más

confianza en ti mismo y, por eso, mostrarás tu mejor cara y te asegurarás de que todo resulte según lo previsto.

¡Son las leyes de la atracción, tío!

Jaja...

Recuerda, además, que si sus padres ven que haces feliz a su hija y la respetas, se sentirán felices de que estés con ella.

¡Ojo con el padre...!, el padre de la novia es el objetivo al que caer bien en estos casos porque, salvo excepciones, ¡somos el mamón que le está robando a su princesita!

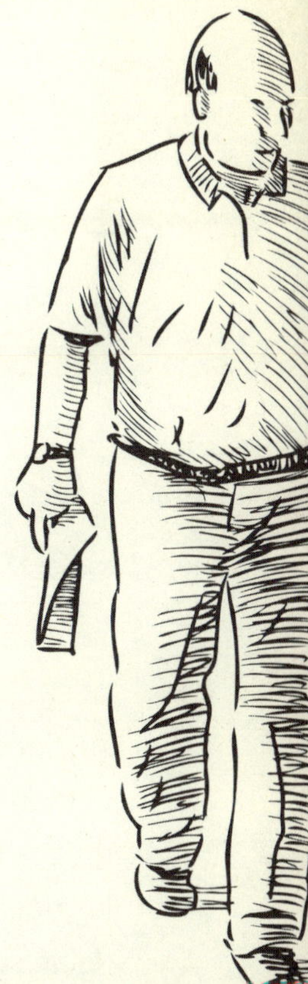

Jajaja.

Cuaderno masculino

Mi mejor amiga se ha echado un nuevo grupo de amigos con los que ha empezado a salir prácticamente todos los días. He intentado ir con ellos, pero la verdad es que no me caen bien y creo que yo a ellos tampoco. Ya lo he hablado con ella, pero me dice que no entiende por qué no podemos salir todos juntos. ¿Qué puedo hacer? No quiero perder a mi amiga.

Pregunta para Lulu

No hay nada que debas hacer en lo referente a que te caigan bien estos amigos de tu amiga;

no es algo que puedas forzar, simplemente ocurre o no. Es una pena, porque, si todos os llevarais bien, sería perfecto, pero quizá debas plantear las cosas de una manera distinta y buscar tiempo para estar con tu amiga cuando ella no esté con todo el grupo. Podrías hacer determinados planes en los que solo estéis las dos, y luego, de vez en cuando, unirte a todos. Lo que quiero decir con esto es que no debería ser una situación de todo o nada: si tu amiga es buena, tendrá que entender que no has conectado y que tal vez podéis pasar tiempo juntas a pesar de ello; si no lo hace, simplemente es una prueba de que quizá no

es la amiga que más te conviene. De modo que, en cualquier caso, saldrás ganando.

En muchos momentos de nuestra juventud le damos importancia al hecho de tener amigos o conservar algunos de los que hemos tenido siempre, y no nos paramos a valorar la calidad de esas amistades.

Tienes que darte importancia a ti y ver quién a tu alrededor merece tenerte cerca y quién simplemente no.

Aunque no mola nada, creo que
es totalmente normal
que los amigos a veces
«se te queden pequeños».
No te apegues a algo que no merece la
pena de verdad. Has de ser amigo de
alguien que quiere ser tu amigo.
Esa es la gente que merece la pena.

Cuaderno masculino

Mi novia y mi mejor amiga se odian, hasta el punto de que me han obligado a elegir entre las dos. ¿Qué hago? No me siento capaz de elegir.

Pregunta para Lantia

Por muy mal que suene, esto te pasará probablemente con todas las novias que tengas, si no lo arreglas.

Por desgracia, es muy duro para una novia ver que su chico tiene tanta confianza con otra. Le hace sentir que no es lo bastante buena. Estoy segura de que, en realidad, todo eso es fruto de su imaginación. Probablemente, empieza a recrear situaciones en las que su novio siente cosas por su mejor amiga o algo así.

Es muy difícil hacer entender a nuestra pareja que entre los chicos y las chicas puede haber solamente una amistad, porque, hay que reconocerlo..., todos, en algún momento de nuestra

vida, nos hemos enamorado de nuestro mejor amigo o amiga, o bien ellos se nos han declarado. Yo sí pienso que chicas y chicos pueden ser amigos sin aspirar a nada más, pero también creo que no es lo más común.

Me parece que lo primero que tienes que hacer es analizar tu amistad.

¿Te has enamorado alguna vez de tu mejor amiga?

¿Ha habido algún momento en que habrías querido algo más?

¿Y ella?

¿Te ha dicho ella en algún momento que sentía algo por ti?

¿Tienes más confianza con ella que con tu novia?

Si es así, ¿por qué?

Si ninguno de los dos nunca quiso nada más que la amistad, creo que no te resultará complicado demostrar a tu novia que no tiene por qué preocuparse. Lo que pienso en realidad es que, como primer paso, tendrías que abrirte a tu novia. Explicarle lo que significa para ti la amistad con tu mejor amiga. Decirle que te preocupa ver que no se llevan bien entre ellas y la situación en la que te han metido. Otra cosa que podrías hacer sería ¡hacerla sentirse parte de ello! Empieza por invitarla a ir con vosotros cuando quedes con tu mejor amiga; quizá, simplemente, se siente arrinconada.

En cuanto a tu mejor amiga, intenta conseguir que dé a tu novia una oportunidad. Pídele que se esfuerce por conocerla un poco mejor antes de juzgarla apresuradamente. Tal vez puedas convencer a tu amiga para que pase tiempo a solas con tu novia. Pregúntale si le gustaría sugerirle una comida juntas alguna vez, ¿puede ser?

De todos modos, creo que lo más necesario es hacer saber a tu amiga que tu novia es alguien muy importante para ti y que, aunque por alguna razón no le guste, esto no hará que tú te alejes de ella.

Como amiga tuya (es más, como tu mejor amiga), debería comprender y respetar tu relación. Si está constantemente hablando mal de tu novia, lo más probable es que esto termine por provocar en ti cierto alejamiento de ella, por estar siempre expresando su odio hacia tu pareja. Supongo que conoces a tu mejor amiga desde hace más tiempo que a tu novia, así que mejor intenta arreglarlo con ella. Lo que necesita de verdad aprender

es cuándo puede expresar su opinión sobre la persona con la que estás saliendo y cuándo sería mejor no hacer comentarios abiertamente. Por último, insisto, debería SIEMPRE respetar tu relación, independientemente de si le gusta tu pareja o no.

Necesitas dedicar tiempo a arreglar esta situación, sobre todo porque lo más probable es que te vaya a pasar de nuevo, tengas la novia que tengas.

Así que, sí...,
puede ser un proceso algo duro, pero realmente creo
¡que merece la pena que le dediques tu atención!

Cuaderno masculino

Mi mejor amigo está pasando una mala racha y no tiene dinero. En nuestro grupo hemos decidido irnos de vacaciones todos juntos y yo quiero pagárselo a él para que pueda venir, pero es muy orgulloso en ese tema y sé que no lo aceptará. ¿Qué puedo hacer?

Pregunta para Luzu

Entiendo perfectamente a tu amigo, yo mismo he pasado por esto muchas veces.

Cuando era pequeño, nunca tenía dinero y en ocasiones tampoco mis padres podían dármelo para participar en los planes que algunos de mis amigos tenían.

Es un fastidio, pero la vida es así. Es genial por tu parte querer ayudarlo, pero piensa que eso puede hacerle sentir muy insignificante. Quizá el planteamiento debería ser buscar una manera con la cual podáis sacar algo de dinero, ganarlo entre

los dos, de forma que compartiríais no solo vuestras vacaciones, sino también la manera de financiaros el viaje.

Si esto no es posible, simplemente intenta que tu amigo no se sienta excluido cuando todo el mundo hable de lo increíble que va a ser la experiencia, de las cosas que vais a hacer...

En todo caso, créeme, llegará el momento
en el que los dos tengáis dinero
como para hacer todos los planes y viajes que queráis juntos,
pero por ahora, cuando somos más jóvenes,
hay ocasiones en las que simplemente
no es posible hacer algo porque
dependemos de nuestra familia.

Cuaderno masculino

Tengo una amiga que, desde que empezó con su actual pareja, se ha transformado tanto que apenas la reconozco. Es como un clon de su novio, ha cambiado sus gustos, su forma de vestir y las cosas que hace para adecuarse a las de su chico. ¿Hay algún remedio para que vuelva a ser la de antes?

Pregunta para Lanita

Por desgracia, eso suele pasar a menudo.

Todos hemos tenido —o hemos sido— un amigo así. La clave aquí es tener paciencia. No hay muchas cosas que hacer, pero seguro que algo puedes probar.

Intenta hablar con tu amiga, pero esta vez has de tener una actitud distinta hacia ella. En vez de decirle lo mucho que se equivoca o lo débil que es, hazle saber que estaría mejor si cambiara su comportamiento; cuánto aportaría a su propia relación si fuera más independiente o, al menos, más «ella misma». Convierte lo negativo en positivo (este principio es aplicable a casi todo en la vida). La cuestión es la manera en que tú le dices las cosas.

Ayúdala a comprender que no debería olvidar quién es. Su chico se enamoró de ella por lo que era y por esta misma razón ella no debería suponer que por parecerse más a él le resultará más atractiva; todo lo contrario.

Con esta táctica,
no se sentirá como si hubieras intentado sabotear nada,
sino que pensará que la estás ayudando
a recuperar su propia voz.

Lo cual, a su vez, será beneficioso para su relación y también para vuestra amistad.

De nuevo coincido totalmente con Lana, y creo que no solo es bueno ser personas distintas, en definitiva, la que somos por nosotros mismos, sino que, además, es lo que le da vida a la relación.

¡Qué aburrido transformarnos hasta acabar saliendo con nosotros mismos!

Cuaderno masculino

Debido al trabajo de mis padres, acabo de mudarme a una nueva ciudad en la que no conozco a nadie y estoy bastante depre porque de siempre me ha costado mucho hacer amigos. Estudio una carrera a distancia y apenas salgo de casa. ¿Cómo hago para conocer gente?

Pregunta para Luzu

Conocer gente en un lugar nuevo es complicado, pero no imposible.

Mi recomendación es que en tu tiempo libre busques dónde poner en práctica actividades o *hobbies* que te gusten, para, de esa manera, coincidir con otras personas con inclinaciones similares a las tuyas.

Recuerdo cuando llegué a Los Ángeles..., no conocía a mucha gente, pero poco a poco fui encontrándome a personas con las que compartía aficiones, por ejemplo surfear, y que son geniales. Al principio iba solo, pero poco a poco, a base de ir al mismo sitio una y otra vez, acabé conociendo a otros que también estaban interesados en esta actividad, así que terminamos

juntándonos un grupo de casi 10 personas para surfear por las mañanas, ir a cenar, etc.

Lo importante es que no te preocupes, intenta divertirte haciendo algo, cualquier cosa, ya que estar feliz es siempre la mejor manera de atraer gente a tu alrededor, personas que querrán estar cerca de ti.

Cuaderno masculino

No puedo más, mi madre no deja de entrometerse en mi vida, me lee los mensajes, escucha mis conversaciones, me espía por el Facebook y también por la calle si quedo con algún amigo... No sé cómo hacer para que me deje en paz.

Pregunta para Lanita

Creo que lo que realmente tienes que hacer

es sentarte con tu madre y hacerle entender que esta clase de cosas te están distanciando de ella.

Es comprensible que te sientas frustrada y que su comportamiento te haga perder mucho más la confianza en ella. Esto solo consigue que tú quieras mantener todavía más secretos con ella.

Tu madre debería darte espacio para tomar tus decisiones, incluso aunque no sean las más adecuadas.

¡Porque eso es parte de la vida! No puede ser siempre tu salvavidas, porque, desde luego, ella no estará siempre contigo para salvarte.

Necesita dejar que madures y que aprendas a cuidar de ti misma. Sé que ella solo desea lo mejor para ti, pero intentando controlar cada cosa que haces no te está ayudando para nada.

Esto es algo que recordaré a Lanita cuando seamos viejos y quiera controlar un poco a Miniluzu o Minilana, ¡jajaja!,

Cuaderno masculino

Hace poco más de un año rompí mi relación con mi novio de toda la vida. Tanto él como yo conseguimos pasar página, pero mi madre no. Para ella, mi ex era lo mejor que yo podía encontrar y le adoraba, y cuando se acabó lo nuestro no pudo aceptarlo. Hace ya unos meses que empecé a salir con un chico que me gusta mucho, pero mi madre le odia a muerte. Pensé que con el tiempo se le pasaría, pero cada vez es peor. No sé qué hacer porque esta situación me está volviendo loca. ¿Qué me recomendáis?

Pregunta para Luzu

Es normal, piensa que nuestros padres quieren lo mejor para nosotros y en ocasiones cometen errores porque intentan que seamos felices.

Probablemente el problema real es que tu madre no conoce bien al chico con el que estás, y la imagen de tu ex crea una sombra más grande que la luz que tu novio puede dar ahora mismo. Mi recomendación es que en algún momento podáis hacer algo

juntos para que hablen y se conozcan mejor. Normalmente, lo que nos lleva a valorar a las personas no son solo sus cualidades o su personalidad, sino las experiencias que tenemos en común. Te aseguro que, si lo haces, tu madre pronto creará lazos con tu novio y la situación mejorará.

Si con el tiempo ves que esto no sucede, quizá simplemente sea el momento de sentarte con ella y explicarle, siempre sin ánimo de crear conflicto ni una situación violenta, que a pesar de que agradeces y entiendes que ella quiera lo mejor para ti, tú eres quien eliges con quién sales y con quién no, y que su apoyo es algo importante para ti. Una de las dos funcionará, ¡seguro!

Estaba a punto de sugerir lo mismo, que te sientes a hablar con tu madre. Es lógico que ella solo quiera lo mejor para ti, pero no debería permitir que sus sentimientos interfieran en tu relación actual. A veces las madres olvidan que nosotros sabemos qué es lo que más nos conviene y que, en ocasiones, ellas tienen que dejar sus opiniones a un lado y ¡apuntarse a la fiesta!

Cuaderno masculino

Mi mejor amiga tiene poca personalidad y me copia en todo lo que hago, en mi forma de vestir…, y dice que le gustan las mismas cosas que a mí. Me raya bastante, pero no sé cómo decirle que pare sin que se moleste, ¿alguna idea?

Pregunta para Lantta

Hay un dicho (al menos en inglés) que afirma que «la imitación es la forma más sincera de adulación».

Es cierto, sí, pero entiendo que también puede ser muy molesta. Estoy segura de que todos hemos tenido un amigo de estos, como mínimo una vez en la vida.

Como has dicho antes, en realidad, la razón por la que tu amiga se comporta así es que todavía no ha encontrado «su voz». Lo más probable es que se trate de una persona muy insegura de sí misma, que te admira. Le debe de gustar tu forma de ser y ve que a los demás también les gusta. En vez de descubrirse a sí misma, ha decidido coger el camino fácil e intentar parecerse a ti. De verdad creo que lo mejor que puedes hacer es

tomártelo como un halago. Pero, sabiendo que a veces resulta muy molesto, te sugiero que le dediques un cumplido cada vez que ella haga o diga algo original por su cuenta. Cada vez que veas que se viste de manera diferente de la tuya, dile lo guapa que está. Coméntale que te gusta lo que lleva y que te parece «muy suyo».

A veces los amigos son como los gatos. Para entrenar a un gato no deberías regañarle cuando hace algo mal, sino animarle y celebrarlo cuando hace algo bien.

¡Haz lo mismo!
Es una actitud mucho más amable y, en mi opinión, te dará mejores resultados.

Cuaderno masculino

Este año me ha tocado en una clase diferente a la de mi grupo de amigas, y estoy empezando a notar que ya no es lo mismo. Muchas veces no cuentan conmigo, hablan de cosas que no entiendo y me siento bastante marginada. No puedo pedir que me cambien a su clase porque hemos elegido itinerarios diferentes. ¿Cómo recupero su amistad?

Pregunta para Luzu

Lo que te está ocurriendo es algo por lo que muchas personas tienen que pasar,

ya sea en el colegio, el instituto o la Universidad, cuando cada uno sigue un camino distinto. En ocasiones estos caminos llevan a distanciarse y en otras no. Lo importante es que transmitas a tus amigas cómo te sientes, la mayoría de las veces es solo una cuestión de comunicación, no nos expresamos y, por lo tanto, algo que creemos obvio no es percibido por las personas que tenemos a nuestro alrededor.

Si hablas con ellas, estoy seguro de que podréis encontrar la manera de mantener lazos a pesar de esta separación, pero si aun así no es posible, o ves que su actitud no cambia, esto podría ser una muestra de la verdadera calidad de la amistad que manteníais.

Por otro lado, piensa que, al estar en un entorno distinto, también es una oportunidad para que conozcas gente nueva, no para distanciarte más de tus amigas, sino para enriquecerte y descubrir nuevas personas con las que quizá puedas llegar a tener también una gran amistad.

Cuaderno masculino

Mi hermana mayor sale desde hace tiempo con un chico que la trata fatal. Yo ya se lo dije pero ella lo niega y además se enfadó conmigo por meterme en su relación. ¿Qué puedo hacer para que se dé cuenta de que tengo razón?

Pregunta para Lanita

Vaya, ¿no es lo peor cuando ves este tipo de situaciones y realmente no puedes hacer algo para cambiarlas?

Te hacen sentir frustrado e indefenso. Me parece muy bonito que estés intentando protegerla, pero, por desgracia, muchas veces la gente se ciega en sus relaciones. No son capaces de ver las cosas como son en realidad.

Aunque probablemente no dará un resultado muy efectivo, intenta decirle que tome distancia y contemple toda su situación desde fuera. Pregúntale cómo se lo tomaría ella si fueses tú la que estuviera metida en una relación con alguien que te tratara fatal.

A lo mejor esto le abre los ojos un poco, pero creo que, al final, lo único que puedes hacer es ser paciente con ella. Por desgracia, tendrá que llegar al límite de lo que pueda aguantar. Sé que probablemente para ti es duro ser testigo de esto, pero a veces tan solo hay que darle espacio a las personas y dejar que tropiecen.

Basta con que intentes estar ahí
para ayudarle a levantarse otra vez.

Creo que hay algo en nosotros que nos lleva a querer tomar parte en la solución cuando vemos un problema y, como dice Lana, en ocasiones tenemos que aprender a dar un paso atrás. No solo eso, sino dejar que las personas a las que queremos cometan errores de los que aprender.

Habla con ella y después permite que cometa su error y adopte su solución.

Cuaderno masculino

Estoy estudiando fuera de mi provincia y este curso decidí irme a un piso compartido con otros tres chicos. Al principio todo eran fiestas y risas, pero pasados unos meses empezaron a surgir un montón de conflictos y discusiones, y ahora hay mucha tensión en el ambiente. Yo estoy muy agobiado con los exámenes y ahora no me puedo plantear buscarme otro piso, pero tampoco sé cómo hacer la situación más llevadera. ¿Alguna idea?

Pregunta para Luzu

No es para nada raro esto que te ocurre, aunque, como dices, puede ser algo agobiante.

Vivir con gente nueva siempre es complicado, incluso si se trata de amigos, porque todo el mundo viene de estar durante toda su vida en un entorno en el que las cosas son de una manera concreta: su casa. Y cada hogar, cada familia, son distintos. Los roces que surgen son normales, y aunque parezca que el cam-

biar de piso puede ser la solución más fácil, también es probable que en el siguiente piso ocurra lo mismo.

Lo que sí me parece una solución más razonable es que habléis entre todos los compañeros para ver qué cosas os molestan, qué podéis cambiar y, en definitiva, cómo podéis

establecer ciertas «normas» para que todos ganéis en comodidad y llevéis mejor la convivencia.

Luzu es la persona perfecta para aconsejarte, ya que ha vivido con muchos amigos en diferentes momentos de su vida. Como yo no lo he hecho, no hay mucho que pueda decir. Pero bueno, pienso que tus sentimientos en este caso son totalmente normales. No importa con quién vivas, siempre habrá buenos y malos momentos, porque, como dijo Luzu, cada uno de vosotros ha pasado por diferentes sitios y experiencias. Así que tienes que encontrar una manera de solucionar esto definitivamente, porque te servirá para saber relacionarte con futuros compañeros. ¡Suerte!

Cuaderno masculino

Tengo una amiga que solo queda conmigo cuando no tiene ningún otro plan mejor. Me siento como un segundo plato, pero cuando se lo digo se enfada y lo niega. ¿Qué hago, paso de ella o qué?

Pregunta para Lanita

Todos hemos tenido un amigo como estos.

No molan nada, ¡es verdad! Creo que lo mejor que puedes hacer es centrarte en hacer nuevos amigos. No mereces tener este tipo de personas a tu alrededor.

Tienes que estar rodeada de gente que quiera estar contigo, no de aquellos que te consideren un plan B o Z.

Quizá no hayas encontrado a estas personas todavía, pero, créeme, lo harás y te sentirás muchísimo mejor.

Los amigos no son como la familia, podemos elegir a los que queremos o no en nuestras vidas. Así que, sé exigente si es necesario, pero asegúrate de que las personas a las que consideras tus amigos aporten algo positivo a tu vida, y no lo contrario.

Como siempre decimos, uno de los errores más comunes que cometemos en nuestra vida es no valorarnos lo suficiente a nosotros mismos y dejar que otras personas nos traten de formas que no merecemos. Y ¿sabes qué?...

¡te mereces una amiga que quiera estar contigo pasándolo bien!

Cuaderno masculino

Mi amiga es muy guapa y todos los chicos quieren salir con ella. Yo soy del montón, tirando a fea, y estoy un poco harta de ser la amiga simpática. Por este motivo estoy empezando a cogerle manía, aunque no quiero llegar a eso. ¿Cómo puedo ponerle remedio?

Pregunta para Luzu

Créeme…,

jamás he sido el amigo guapo, más bien lo contrario, pero siempre he tenido una virtud, y ha sido la paciencia. Es importante saber mantener la calma y, sobre todo, no volcar en tu amiga la frustración que estás sintiendo, porque terminará por parecer pura envidia insana.

En lugar de eso, planteado de otra manera, tú eres la alternativa a eso tan típico en que la gente del montón tiende a fijarse. ¿Crees que Apple es peor que Microsoft? Hubo una época en la cual Apple era la amiga simpática, y con tiempo esa imagen fue cambiando, porque la gente se cansó de Microsoft. Los tíos del montón irán a hablar con tu amiga, los interesantes de verdad

se fijarán en ti, así que, en vez de verlo como una situación en la que ella llama la atención mientras tú permaneces en segundo plano, contémplalo de esta otra manera:

tu amiga es el filtro que te limpia del paisaje a todos los tíos con los que en realidad no merece la pena hablar.

¡Bien dicho, Luzu!
(Además, me encanta la referencia a Microsoft y Apple. ¡¡Es verdad!!)

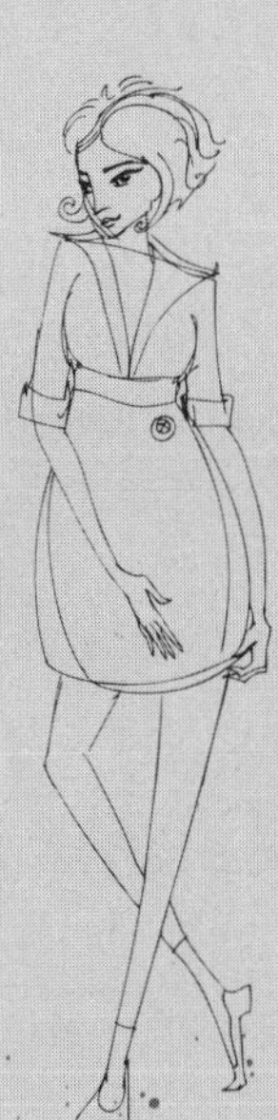

Cuaderno masculino

Mi mejor amiga se ha ido a estudiar a otro instituto y, aunque prometimos que seguiríamos siendo mejores amigas, la verdad es que ya no es lo mismo. Al principio me vi sola y tenía mucho miedo de ser una marginada, pero conocí a una chica de mi clase y poco a poco comenzamos a salir, y también con otro grupo de chicas que me caen muy bien y con las que me divierto. Ahora mi mejor amiga me reprocha que la he abandonado y no sé qué hacer, porque no quiero dejar de salir con estas chicas, ya que me lo paso mejor con ellas.

Pregunta para Lanita

Mi consejo es que deberías ponerte en su lugar.

¿Cómo te sentirías si te fueras a otro instituto y, para colmo, empezaras a ver que tu mejor amiga está haciendo nuevas amistades y dejándote de lado?

Sin duda, debe ser un poco duro para ella. El hecho de que hagas nuevas amistades no significa que tengas que abandonar a tu antigua amiga. Encuentra algo de tiempo para ella de vez en cuando. Al fin y al cabo, ella es, o ha sido, tu mejor amiga. Y, cuando estés con ella, deberías animarla también a hacer amigos en su nuevo instituto. De esta manera, ambas conseguiréis vuestra pandilla con la gente de vuestras respectivas clases y os seguiréis teniendo también la una a la otra.

Simplemente, trátala
como te gustaría que ella te tratara a ti,
si las cosas fueran al revés.

Totalmente de acuerdo, y no solo eso..., el problema nunca es tener muchos amigos —eso te aporta un montón de cosas nuevas—, y el hecho de hacer nuevos amigos no conlleva el tener que desechar los de siempre.

Cuaderno masculino

Mis padres están divorciados desde que yo soy pequeño y a mi padre no lo veo mucho. Este verano él había planeado unas vacaciones los dos solos para pasar más tiempo juntos, pero justo coincide con un viaje que van a hacer mis amigos. No sé cómo decírselo a mi padre.

Pregunta para Luzu

Cuando somos pequeños,

en la adolescencia o incluso más adelante, solemos cometer el error de no saber reconocer las prioridades en nuestra vida y perdemos de vista la importancia de las cosas a largo plazo. Tendemos a pensar sobre todo en lo que nos apetece hacer ahora mismo, sin preocuparnos mucho más. Estoy seguro de que una persona en esta situación respondería de formas completamente diferentes a los 20, a los 40 o a los 60 años. La persona de 20 te dirá que se va de vacaciones con los amigos porque quedarse con su padre es un rollo y que ya irán otra vez; la de 40 dirá que, si encuentra un hueco entre tanto ajetreo, verá si puede irse de vacaciones con su padre; la de 60, finalmente, daría lo que fuera por poder estar un día más de nuevo con su padre.

Lo que quiero decir con esto es que tengas todo en cuenta. Quizá el viaje que tienes que posponer es el de los amigos. Piensa en lo bueno que puede ser pasar unos días con tu padre, en la posibilidad de compartir una experiencia, de aprender cosas de él… Piensa en él, probablemente estará ilusionado por hacer este viaje contigo; ¿cómo se va a sentir si le dices que prefieres irte con tus amigos, a quienes seguro que ves todos los días?

Estoy de acuerdo en que un viaje con amigos suena más divertido para cualquiera, y sin embargo es algo que tendrás ocasión de repetir, ya que a lo largo de la vida hay muchas oportunidades como esta.

No creo simplemente que sea lo correcto,
creo que es la elección adecuada
y el recuerdo que será más valioso conservar para ambos.

Creo que tu padre realmente lo agradecería. Muy probablemente se siente mal porque no tenéis un contacto muy estrecho, así que seguro que aprecia enormemente esos pequeños momentos que comparte contigo. Pero, en todo caso, como dice Luzu, la decisión depende de ti.

Cuaderno masculino

Mi grupo de amigos ha echado a mi mejor amiga por liarse con el novio de otra chica de la pandilla. Mi amiga hizo mal, pero a mí me da mucha pena verla sola y que lo está pasando fatal. Los demás se han enfadado conmigo porque se han enterado de que sigo quedando con ella y dicen que los he traicionado. ¿Cómo puedo arreglarlo? En el grupo hay un chico que me gusta bastante y no quiero que me echen a mí también.

Pregunta para Lanita

Nunca he sido fan de la gente a la que le gusta controlar a los demás.

Me parece muy injusto que hayan echado a alguien del grupo y que te puedan echar a ti también si hablas con ella.

No deberías obedecer a esta clase de amigos. A decir verdad, creo que deberías pensar bien si quieres estar en este grupo. Entiendo que te guste alguien que forma parte de la pandilla,

pero no me parece que sea un grupo muy estable. Es como si ellos hubieran impuesto una dictadura. Supongo que habrá un líder que está tomando todas estas decisiones y el resto no hace otra cosa que seguir órdenes. ¡Esto no es nada divertido! Desde luego, a mí no me gustaría estar rodeada de personas que constantemente me dicen cómo tengo que vivir. Y creo que tampoco querría estar rodeada de gente que acepta y refuerza ese tipo de comportamientos.

No ignores a tu mejor amiga porque los otros te puedan echar del grupo, ya que, si fueran tus amigos de verdad, te dejarían hacer lo que quisieras sin juzgarte en absoluto.

Por favor, no permitas que nadie decida por ti con quién puedes hablar y con quién no.

Así que, si quieres estar con tu mejor amiga, hazlo. En momentos como este, sigue a tu corazón. (Ya sé que suena muy ñoño, pero a veces es bueno ser ñoño.)

¡Lanita es una boss dando consejos, oye!

Yep!!! ... Debes hacer lo que creas que es correcto sin que te importe cuánta gente intente oponerse y mucho menos desplazarte. Quizá la distancia te dé perspectiva para ver que, como dice Lanita, ese grupo no es tan genial como parece de cerca...

Cuaderno masculino

Tengo una hermana un año mayor que yo y estoy harta de que mis padres siempre me comparen con ella en todo. Ella es lista, muy buena estudiante y le gusta a todo el mundo, por lo que yo salgo siempre perdiendo. Parece que no hago nunca nada bien. ¿Cómo puedo cambiar o hacer algo para que dejen de agobiarme con esto?

Pregunta para Luzu

Leo tu pregunta y casi puedo sentir que la escribí yo cuando tenía 15 años.

Para mí la niñez y la adolescencia fueron iguales... Mi hermano destacaba absolutamente en todo, desde notas del colegio hasta chicas, pero piensa que esa es una presión que no vas a tener que soportar, la de que el mundo espere que hagas todo bien; tu hermana, sin embargo, sí.

Hay un concepto que suelo aplicar a muchas cosas —incluso hice un vídeo sobre ello—; es el de *underdog.* Este término describe al participante con menos probabilidades de ganar. Mucha gente cree que en un partido Real Madrid contra Athlétic de Bilbao la posición ideal es la del Madrid, y, sin embargo, son

los que más se tienen que esforzar, porque no se espera de ellos otra cosa que la victoria. Sin embargo, el *underdog* no tiene presión, puede arriesgarse y disfrutar probando cosas nuevas, y se le permite equivocarse porque cuenta con la ventaja de jugar sin presión.

Esto es más o menos lo que ocurre en tu caso: utiliza la figura de tu hermana no para frustrarte, sino para aprender y analizar cosas que ves que le suceden a ella, decisiones que adopta, reacciones que tiene ante la gente, etc. Y comprobarás que con el tiempo os convertiréis en personas diferentes entre las cuales no habrá hueco para comparaciones.

Hay muchas cosas malas que vienen unidas al hecho de ser la hermana pequeña, pero también tiene muchas ventajas. Concéntrate en ellas.

¡De nuevo, bien dicho, Luzu!

Ojalá me hubieran dado a mí ese consejo cuando era más joven.

Cuaderno masculino

Mi mejor amigo y yo somos muy competitivos, en el deporte, en los juegos y en la escuela. Nos tenemos mucho aprecio, pero hay veces que esa competitividad hace que nos enfademos. ¿Deberíamos cambiar de actitud y, si es así, cómo se puede hacer eso?

Pregunta para Lanita

Creo que ser competitivo puede ser algo positivo, siempre que te lleve a sacar lo mejor de ti mismo.

Simplemente, asegúrate de que lo estás haciendo por ti y no solo por derrotar a tu amigo.

Siempre serás mejor que otros en ciertas cosas, pero siempre habrá también cosas en las que otros destacarán más que tú. Aprecia lo que haces bien y sé respetuoso con aquello que los otros hacen mejor. Creo que debe resultar bastante cansado ver cada cosa que haces como una competición y sentirte constantemente obligado a demostrar algo a los demás (o a ti mismo).

La competición continua entre vosotros puede acabar dañando vuestra amistad.

Se supone que los amigos están para divertirse, y no para demostrar que eres mejor que ellos.

Iba a decir lo mismo, la competitividad positiva os empuja a superaros constantemente, la negativa solo a aplastaros. Teniendo esto en cuenta, será fácil saber qué hacer.

Cuaderno masculino

Mi mejor amigo quiere que estemos todo el día juntos, no le gusta salir con el grupo ni con nadie más, se enfada si hago planes sin él y me agobia bastante. ¿Qué haríais?

Pregunta para Luzu

Es fantástico tener un buen amigo con el que puedas hacer todo y con quien tengas una relación genial, pero ¡¡cuidado!!:

también una amistad excesivamente limitante puede ser un problema. Creo que no hay nada de malo en salir con más gente, hacer planes sin él siempre que no le apetezcan los tuyos. No deberías permitir que nadie limite tu libertad de hacer cosas porque esas cosas que tú deseas hacer le resulten molestas, ya que ese es el camino hacia el fin de cualquier relación, sea de amistad o amorosa.

Toda relación ha de estar basada en la búsqueda de la felicidad tanto propia como del otro; carece de sentido ser infeliz para que tu amigo sea feliz, así que te recomiendo que hables con él sobre el tema y veas en qué punto se encuentra. Si es algo que acepta y comparte, genial; si, por el contrario, no permite que seas libre de hacer lo que quieras, creo que es una amistad que posiblemente acabe siendo más destructiva que beneficiosa para ti.

Recuerda: relacionarnos con gente nos enriquece, así es como recogemos materiales para construir nuestras propias experiencias y nuestro carácter.

Cuaderno masculino

Mi mejor amigo lo tiene todo: una novia preciosa, éxito en su trabajo, un cochazo..., y se acaba de comprar una casa enorme. Cuando miro su vida y luego miro la mía me siento como una auténtica mierda. ¿Es envidia o simplemente que la vida es injusta?

Pregunta para Lanita

NUNCA debes compararte con los demás, porque nunca te servirá de nada.

Todo el mundo lleva vidas absolutamente distintas, y, por esta razón, a cada uno de nosotros nos pasan cosas diferentes.

Algo más que deberías saber, y que me gusta recordarme a mí misma, es que siempre encontraremos a alguien mejor que nosotros en casi todo. Siempre habrá alguien más rico, más guapo, más afortunado o lo que sea.

No dejes que estas cosas te frustren. En vez de compararte tanto con tu amigo, dedica más tiempo a mejorar tu propia realidad.

Eres perfectamente capaz de tener el mismo estilo de vida que él, si te esfuerzas de verdad para conseguirlo.

Simplemente, recuerda
que todas las cosas buenas requieren esfuerzo.
¡Tú puedesssssss!

Cuaderno masculino

Hola, soy un chico de 13 años y desde que mis padres se enteraron de que tengo novia hace unos meses no paran de insistir en que tengamos la famosa «charla»; a mí me da mucha vergüenza hablar de sexo con ellos. Por ahora he conseguido evitarla, pero no paran de insistir. Por favor, ¿qué hago para que mis padres dejen ya de sacar el tema?

Pregunta para Luzu

No te preocupes, esa es una charla que todos tememos o hemos temido.

Por algún motivo resulta algo incómoda, ¡jajaja! Pero piensa en la razón por la cual los padres quieren tenerla: desean asegurarse de que sabemos lo que hacemos y de que lo vamos a hacer con prudencia.

Por lo tanto, tienes dos formas de recorrer este camino: la primera es, obviamente, sentarte y aguantar, cosa que puede marcarte de por vida, dependiendo de cómo enfoquen tus padres el contenido de la conversación que estáis a punto de tener, y la segunda es transmitirles que entiendes su interés, pero que no tienen de qué preocuparse porque ya estás al tanto y listo para tomar las precauciones necesarias. Eso les tranquilizará, que al final es el objetivo de su preciada charla desde el principio.

¡¡¡Todo sea por evitar un trauma que dure toda la vida!!!

Cuaderno masculino

Soy un chico bastante tímido al que le cuesta mucho hacer amigos. Este curso por fin hay un chico de mi clase con el que he empezado a llevarme, pero a veces me pide que le deje copiar mis deberes. Aunque me molesta mucho, yo lo permito porque no quiero perder su amistad, pero ahora pretende que le deje también copiar en los exámenes, y yo no quiero, porque si nos pillan me suspenden a mí también y mis padres me matarían. ¿Cómo se lo digo sin que se enfade?

Pregunta para Lanita

A lo mejor no te gusta lo que te voy a decir, pero, sinceramente, no pienso que este chico sea tu amigo...

Me da la impresión de que te está utilizando. No es justo que él te exponga al riesgo de suspender un examen. No estoy segura, pero no me parece muy de fiar. Comprendo que, si a ti te cuesta hacer amigos, estés encantado de haber encontrado

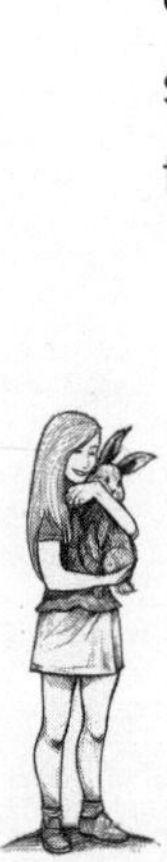

a alguien por fin, pero no me parece que debieras pensar en él como amigo tuyo. En el momento en que tú ya no le dejes copiar tus deberes, seguramente te ignorará. En mi opinión, más vale no tener amigos que tenerlos falsos. Así que, déjalo.

Tal vez deberías intentar hablar con otra gente en tu clase. No hace falta tener conversaciones geniales con ellos para empezar, pero podrías pedirles que te ayuden con tu tarea, por ejemplo (aunque realmente no lo necesites). Sería solo para romper el hielo. Lo que quiero decir es que debes invertir más tiempo en otras personas de tu clase. Acércate a aquellos que te parezcan más amistosos o incluso un poco tímidos.

Lo más probable es que tú no seas el único en ese entorno a quien le cueste entablar amistades. A lo mejor, tú también podrías convertirte en ese amigo que alguien necesita.

En cualquier caso, si crees que simplemente es vago y quiere copiar, exprésale que no estás dispuesto a meterte en líos y que no vas a arriesgarte a que te pillen.

Su reacción debería ser más que suficiente para saber si es tu amigo o no.

Cuaderno masculino

Soy un chico de 13 años bastante antisocial, así que no tengo muchos amigos. Mis padres están preocupados porque paso mucho tiempo solo en mi cuarto, pero es que prefiero estar jugando o leyendo o viendo series a perder el tiempo con gente que no merece la pena. ¿Tan raro soy? ¿Cómo puedo hacer para que me entiendan?

Pregunta para Luzu

No eres raro, no te preocupes.

Soy de los que piensan que pasar tiempo con uno mismo es muy importante, pero también creo que es necesario socializar y relacionarse con otra gente, hacer amigos, compartir experiencias…

Créeme, esas son las cosas de las que te vas a acordar cuando pasen los años, no de aquella tarde que pasaste con una *pizza* en tu cuarto viendo una serie. Quizá solo estés enfocando mal el problema y no se trate de que no te gusta estar con gente, sino de que aún no has encontrado a las personas apropiadas

con las que te gustaría compartir tu tiempo. En cualquier caso, te animo a que te fuerces un poco a salir con amigos o gente conocida e intentarlo, ya que hay algo seguro:

en tu habitación no vas a conocer muchas personas de tu entorno con las que quizá pueda llegar a apetecerte salir a divertirte más allá de esas cuatro paredes.

Cuaderno masculino

Soy un chico de 12 años y de siempre me ha costado mucho relacionarme. Ahora, por fin, me siento feliz porque tengo muchos amigos con los que puedo contar, pero les he conocido a todos a través de Internet y mis padres opinan que esos no son amigos de verdad. ¿Tendrán razón? ¿Cómo saber si son verdaderos amigos o no?

Pregunta para Lanita

Creo que tener amigos *online* no tiene nada de malo, pero también opino que es bueno tenerlos en la vida real.

Entiendo que hoy en día predomina el mundo digital y que, en la mayoría de las ocasiones, la gente interactúa con mensajes de texto o plataformas sociales. Pero, aun así, intenta esforzarte en hacer amigos en el mundo real.

La sensación de intimidad que puedes tener personalmente con alguien es algo muy especial. Ser capaz de verlos físicamente, escuchándote y respondiéndote o, incluso a veces, simplemente pasar tiempo con ellos en silencio... Esta clase de amistad es más significativa que cualquier otra que puedas tener *online*.

Quizá piensas que en la red puedes conectar más con la gente, pero, créeme, la sensación de abrirte a alguien en persona es incomparable. Así creas un lazo mucho más fuerte que, muy probablemente, durará muchos años. Internet a veces puede ser superficial. Como podemos tomarnos tiempo para pensarlo muy bien antes de teclear algo, en la mayoría de las ocasiones mostramos solo nuestra mejor cara. Nadie puede darse cuenta de quiénes somos de verdad. Así que, aunque veas a estos amigos como personas muy cercanas, dedica un momento para preguntarte a ti mismo: ¿saben ellos quién eres tú de verdad? Y, si no, ¿qué te hace pensar que tú los conoces de verdad?

Resumiendo, creo que es bueno que tengas amigos *online*, pero también considero que deberías dedicar un poco más de tiempo a hacer amigos en la vida real.

¡Espero que te haya servido!

¡Desde luego!

No hay nada malo en tener amigos online, puedes coincidir con ellos en gustos y opiniones, tener discusiones…, pero las personas de carne y hueso son aquellas con las que compartirás experiencias, viajes y aventuras. No descartes ni a unos ni a otros.

Cuaderno masculino

Mi mejor amiga y yo nos conocemos desde Primaria y hemos pasado mucho juntas. Le tengo mucho aprecio, pero desde que empezamos en la Universidad noto que tenemos intereses distintos y que ya no disfruto con ella como antes. Alguna vez le he sacado el tema, pero siempre acaba reprochándome que yo tengo nuevos amigos con los que me apetece hacer cosas y que soy yo la mala amiga por dejarla de lado. La verdad es que ella no hace nada por conocer gente nueva y siempre va detrás de mí para todo, y yo siento como si me retuviese. ¿Debería dejarla atrás y vivir mi vida o es algo de lo que me arrepentiré?

Pregunta para Lulu

Esto que te preocupa es algo que ocurre mucho, y absolutamente normal.

El tiempo que pasamos con nuestros amigos de toda la vida en el colegio o en el instituto nos mantiene en una pequeña burbuja en la cual es fácil tener intereses comunes, hacer cosas juntos constantemente y gozar de una relación sin apenas problemas. Sin embargo, al llegar a la Universidad esa burbuja se rompe y

las personas empiezan a crecer rápidamente en el aspecto personal e interior.

Esto no quiere decir que no se puedan mantener las amistades de toda la vida, yo mismo sigo siendo amigo de mis amigos de siempre, simplemente significa que es un momento que pondrá a prueba una amistad para ver hasta qué punto es real sin las facilidades que la niñez nos da.

Además, recuerda: una amistad, al igual que una relación amorosa, no puede forzarse. Si la amistad, por cualquier motivo, deja de funcionar y notas que, efectivamente, hay algo que ya no encaja, tan solo es así, no puedes obligarte a ti misma ni a otras personas a ser grandes amigas. Quizá encontraréis nuevos intereses, quizá disfrutaréis de cosas distintas con los años, tal vez vuestro carácter cambie...,

pero ante todo la amistad
tiene que resultar fácil,
esa es una de sus mejores cualidades.

Cuaderno masculino

Quiero una mascota, pero mis padres no me dejan porque dicen que soy un irresponsable; ¿cómo puedo demostrarles que se equivocan?

Pregunta para Lantia

A ver…, ¿por qué piensan tus padres que eres irresponsable?

Si puedes, intenta ver esta situación desde fuera. Si te vieras desde un punto de vista externo, ¿te permitirías a ti mismo tener una mascota? Muchas veces creemos que estamos preparados para una responsabilidad como esta, pero en realidad no es así. No sé si alguna vez en tu vida has tenido mascotas, quizá no eres consciente de la responsabilidad que requiere cuidar un animal.

Mucha gente no se da cuenta ni del trabajo que esto supone ni del grado de compromiso que significa. Por ponerte un ejemplo, ¡los gatos pueden vivir incluso hasta los 18 años! ¿No es una locura? Los perros llegan hasta los 16 más o menos, los conejos

a 10, etcétera... Por eso creo que deberías darte cuenta de todas estas cosas, porque ellos seguro que ya lo han pensado y por esta razón son un poco reacios a acceder a tu petición.

Si crees que serías perfectamente capaz de ocuparte de tu mascota durante todo el tiempo que haga falta, te aconsejo hablar con tus padres.

Explícales lo mucho que significa para ti y hazles comprender que eres completamente consciente de todo el trabajo que esto va a suponer.

En tu lugar, primero buscaría un poco de información, así, cuando hables con tus padres, les demostrarás que ya te has preparado y estás completamente listo para el compromiso. Lo más probable es que te digan que no, ¡jaja!... Peeeeeero siempre les puedes preguntar qué es lo que tienes que hacer para demostrarles que eres lo suficientemente responsable como para tener un animal. Y a partir de ese momento, ¡ya estarás más cerca de conseguirlo! ¡¡Suerte!!

Efectivamente, aunque no lo parezca, una mascota es lo más cercano que hay a tener un hijo, salvando las distancias, por supuesto, ya que un ser humano es, sin ninguna duda, infinitamente más complejo, pero sí desde el punto de vista de los sacrificios que vas a tener que hacer.

Es maravilloso tener una mascota, pero también trae consigo muchísimo trabajo que hay que estar dispuesto a hacer.

Cuaderno masculino

Uno de mis mejores amigos me ha pedido dinero prestado para montar un negocio. Acaba de terminar el grado y su idea, según me la ha contado, tiene buena pinta, pero es bastante dinero y me da miedo no recuperarlo. Si no se lo presto, temo perder su amistad. ¿Qué haríais vosotros?, ¿debo confiar en él?

Pregunta para Luzu

A no ser que estés podridamente forrado, creo que el dinero es algo que no debería mezclarse ni con la amistad ni con la familia.

No creo haber escuchado a una sola persona decir que está encantada de haberle dejado dinero a un amigo. Tampoco me malinterpretes…, si mi mejor amigo me dijera que mañana le echan de su casa porque está en bancarrota, yo sería el primero en tenderle la mano para ayudarle, pero, aparte de casos extremos, creo que cada uno debería buscarse la vida para sus aventuras.

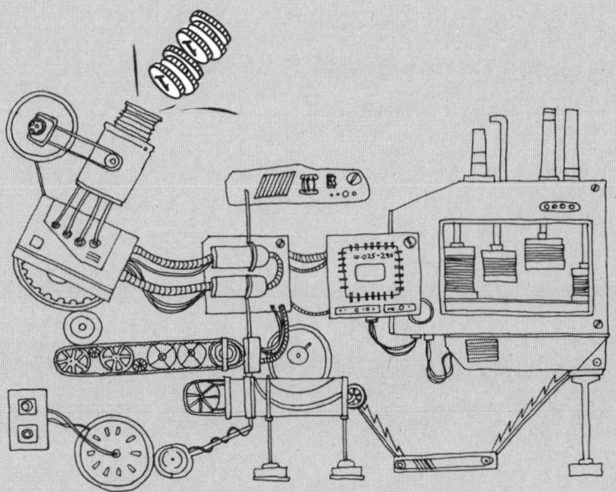

Si su idea es buena, no debería costarle trabajo encontrar inversión para hacer lo que sea que se proponga. Si lo hablas con él, seguro lo entenderá; y si a pesar de todo, el decirle esto hace que se aleje de ti, resultará ser una buena noticia, pues te habrás librado de una persona que valora más tu dinero que tu amistad, así que en cualquier caso, y como dicen en Estados Unidos,

¡WIN/WIN!

Cuaderno masculino

Tengo una idea para un canal de Youtube que me apetece mucho llevar a cabo. ¿Qué consejos me dais para empezar?

Pregunta para Lanita

Creo que es importante tener muy claro cómo quieres que sea tu canal.

¿Qué tipo de vídeos quieres crear? ¿Cuántos subirás cada semana? ¿Quién será tu público? ¿Estás listo para este compromiso?

Hay mucha gente que cree que los *youtubers* tienen el trabajo más fácil del mundo. ¿Sabes lo que pienso?... Que esa gente no tiene NI IDEA del esfuerzo tan duro que esto implica. La tarea de *youtuber* puede ser divertida, sí, pero, a la vez, es una de las más duras que he tenido nunca y creo que la mayoría de los que se dedican a esto estarán de acuerdo conmigo. A un vídeo de 5 minutos no le corresponde una producción de 5 minutos, igual

que a una película de 2 horas no le corresponde una producción de 2 horas.

Los *youtubers* son creadores, actores/presentadores, productores, editores, etc. (la lista es interminable). Y no es solo eso..., además, hacerte con un público y mantenerlo es mucho más difícil de lo que se piensa. Así que, si te metes en esto, tienes que saber que no va a ser fácil, sino extremadamente duro.

Eso sí...,
si te diviertes y disfrutas haciéndolo de verdad,
verás que merece la pena.

Creo que lo más importante que debe recordar la gente es que Youtube —así sucede con todos los creadores que he conocido con éxito— significa una

pasión por lo que haces que se transmite a todas las cosas que llevas a cabo

y, aunque suena a tópico, el divertirte haciéndolo se refleja y se transmite también a aquellas personas que te están viendo.

Cuaderno masculino

Tengo un trabajo estable, pero no me hace feliz y apenas me deja tiempo libre para dedicarme a otras cosas. He pensado en cambiar de empleo, pero tampoco tengo claro a qué me podría dedicar, no tengo nada que me apasione. Mi pareja y mi familia, aunque saben cómo me siento, me dicen que no sea tonto, que no tire todo por la borda, y me presionan para seguir aguantando. Estoy hecho un lío y no quiero hacer nada de lo que pueda arrepentirme.

Pregunta para Luzu

Creo que acabas de describir

la situación en la que, por desgracia, están la mayoría de jóvenes. Especialmente en la situación económica que vivimos hoy, tenemos que soportar trabajos que no nos llenan porque es «lo correcto».

Esto no quiere decir ni que debas dejarlo ni tampoco que debas continuar. En tu caso, tú mismo dices que no sabes qué es lo que te apasiona, así que ese es el primer paso que deberías

dar. Para poder tomar una decisión debes saber en qué dirección quieres tomarla. Efectivamente, no sirve de nada que dejes tu trabajo si no tienes la menor idea de lo que quieres hacer, y, por lo tanto, no le pidas a tu pareja o a tu familia que respeten tu decisión de abandonar, porque es imposible que lo hagan.

Intenta descubrir qué te motiva y,
una vez que lo hayas hecho,
haz todo lo que puedas por transformar
una pasión en un trabajo.
Lo primero es lo primero.

Cuaderno masculino

Después del instituto empecé a estudiar una Ingeniería, presionado por mis padres. Tras dos cursos, me cambié a Informática, pero tampoco funcionó y ahora voy por mi tercera carrera (otra Ingeniería), en la que voy a suspender todo y estoy ya desmotivado. No consigo acabar nada de lo que empiezo. ¿Qué demonios me pasa?

Pregunta para Lanita

En realidad, la cosa es muy sencilla.

No has encontrado nada que te apasione. Es normal que no te sientas motivado, cuando tus padres han elegido tu carrera en vez de hacerlo tú.

Creo que es importante perseguir nuestros propios sueños.

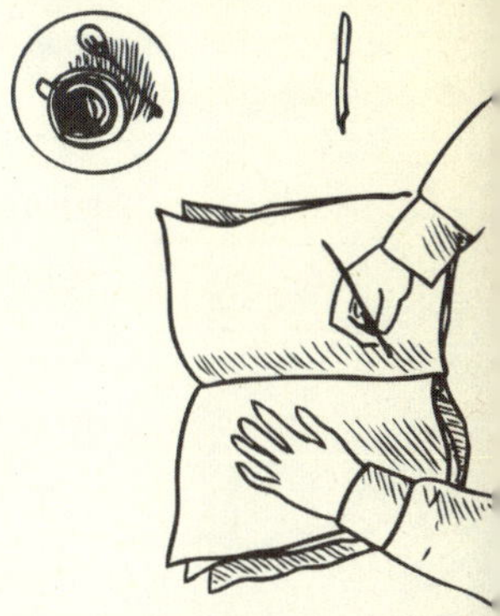

Sé que la mayoría de las veces no queremos decepcionar a nuestros padres, pero pienso que, si supieran cómo te sientes, te animarían a ir tras las cosas que te apasionan.

Por eso,
¡no tengas miedo y explícales lo que te está pasando!
¡Que salga todo bieeen!

Me parece que lo que te ocurre está muy claro: estás estudiando lo que han decidido tus padres, no lo que te gusta de verdad a ti. Nadie en su sano juicio sería feliz así, y muy difícilmente conseguiría aprobar esas carreras. Lo que me sorprende es que necesites 3 intentos para darte cuenta de que te hace falta cambiar, y no de ingeniería, sino de rama profesional.

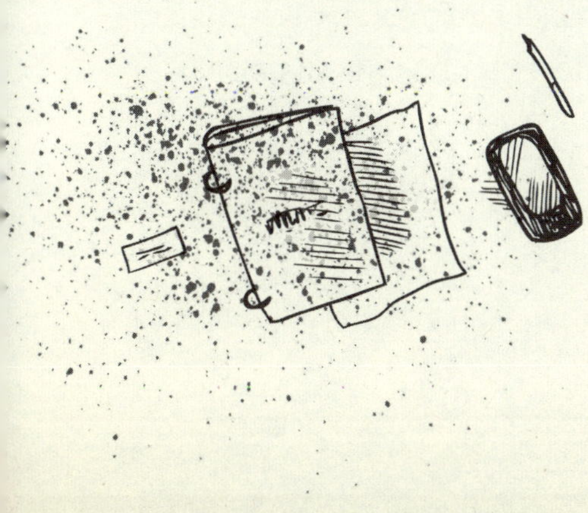

Cuaderno masculino

Soy un chico de 19 años al que nunca se le han dado bien los estudios y, tras repetir varios cursos, dejé sin terminar la ESO. Tuve varios trabajos, pero me han acabado despidiendo de todos, y ahora con la crisis no encuentro nada a lo que dedicarme. Mi padre me reprocha constantemente que no hago nada con mi vida, cosa que no me ayuda, y discutimos cada vez más. ¿Cómo puedo poner fin a esta situación?

Pregunta para Luzu

Creo que el motivo

por el cual esta situación con tu padre se te hace tan dura es porque, en el fondo, tiene razón. Es difícil hacer entender a alguien que ha vivido en un momento distinto al nuestro por qué todo lo que tiene que ver con el mundo laboral está tan complicado, pero tampoco es imposible y, si bien es cierto que quizá eso no termine de comprenderlo, lo que sí tiene claro es lo que ve...

Me explico. No deberíamos recibir reproches, aunque no tengamos trabajo, si nos ven hacer todo lo posible por conseguir uno cada día que pasa. El problema viene cuando nos quejamos de esa reprimenda en lugar de concentrarnos en el verdadero problema: «¿qué estoy haciendo para cambiar mi situación?».

Recorre cada negocio de tu ciudad, habla con todos tus amigos, conocidos, familiares..., que todo el mundo sepa que estás buscando trabajo, y además, mientras esperas a que salga alguno, aprovecha el tiempo para formarte. Puedes, por ejemplo, emplear las mañanas en buscar y las tardes en estudiar algo.

Te aseguro dos cosas:
vas a encontrar trabajo
y tus padres no solo dejaran de reprocharte cosas,
sino que, además, se sentirán orgullosos de tu esfuerzo.

Cuaderno masculino

Este año tengo una asignatura cuya nota final dependerá de un trabajo que debemos exponer oralmente a final de curso; yo tengo pánico a hablar delante de tanta gente, me tiembla la voz y se me olvida todo lo que quería decir. ¿Algún truco para superarlo?

Pregunta para Lanita

Entiendo perfectamente lo que estás pasando.

A mí me ocurría lo mismo solo con pensar en tener que hablar en público. Aunque a veces todavía me cuesta, he encontrado maneras para sentirme menos nerviosa.

Ya que soy bastante tímida para este tipo de cosas, recurro a mi alter ego súper seguro de sí mismo. Básicamente, lo que me gusta hacer es fingir que soy una actriz a punto de actuar. Sé que mi alter ego lo va a hacer bien porque hablar en público se le da GENIAL. Sé que suena un poco tonto, pero por alguna razón esto me ha ayudado mucho. Quita en parte la presión que me pongo yo a mí misma.

¿Has oído alguna vez la frase

«fíngelo hasta que lo consigas»?

Pues es una gran frase para tenerla en cuenta en estos momentos. Así que ¡¡sueeeerteeee!!

Seguro que te saldrá genial.

A mí, aunque no lo creas, me pasaba exactamente lo mismo, y solo a base de forzarme a hablar en público he sido capaz de hacerlo después, así que,

ni lo pienses: ¡solo hazlo!

Cada vez que te paras a pensar en lo horrible que va a ser, te estás dando motivos para que de verdad sea horrible, y realmente no tiene tanta importancia.

Cuaderno masculino

¿Cómo puedo ahorrar dinero? Mis amigos siempre hacen cosas, pero yo nunca tengo dinero para hacer nada.

Pregunta para Luzu

Esto es algo complicado,

pero lo cierto es que hay una manera de conseguir dinero: trabajar. Sé que no siempre se tiene la edad necesaria para hacerlo, aunque eso no significa que no podamos hacer cosas como cortar el césped o pasear perros en el barrio, entre otras muchas, para conseguir algo de liquidez. Sé que suena tedioso, pero, como dice el dicho, «Quien algo quiere, algo le cuesta», y si te pongo esos ejemplos es porque en los países de nuestro entorno está prohibido el trabajo «normal» antes de los 18 años, lo cual dificulta mucho las cosas.

Sin embargo, si eres mayor de edad, te animo a que busques algo, aunque no sea a tiempo completo, en jornada partida, si es que estás estudiando, y de esa manera no solo tendrás dinero, sino que aprenderás a valorarlo mucho más. De cualquier forma, permíteme que te dé otro consejo: el hecho de que nuestros amigos hagan cosas constantemente no significa que nosotros también tengamos que hacerlas; deberíamos ser capaces de ver cuáles son nuestras posibilidades económicas y adaptarnos a ellas.

Lo que suelo hacer con cada sueldo que cobro es separar una pequeña parte. Y me aseguro de no tocar nunca lo que he guardado. Sé que suena ridículo, pero le digo a Luzu que esconda mi dinero, porque, si yo pudiera cogerlo, sé que acabaría gastándolo tarde o temprano.

No estoy diciendo que tú hagas lo mismo, pero, a veces,

poner las cosas fuera de nuestro alcance nos hace valorar realmente si merece la pena utilizarlas.

Cuaderno masculino

Estoy harto de la escuela, he pensado en dejar de estudiar, pero mi padre me dice que no tendré ningún futuro si lo hago. ¿De verdad me van a servir de algo todas las tonterías que nos hacen aprender?

Pregunta para Lanita

Créeme, realmente entiendo tu frustración.

Yo también era así. Yo odiaba absolutamente el colegio y siempre pensé que era una pérdida de tiempo. Me planteé muchas veces abandonar los estudios, pero ahora que soy adulta estoy muy contenta de no haberlo hecho.

Creo que la escuela es necesaria. Tampoco pienso que vayas a utilizar necesariamente la mayoría de las cosas que aprendiste en el colegio en tus futuros trabajos (decir lo contrario sería mentirte). Yo me alegro de haber hecho lo que me correspondía y de no haber tirado la toalla. Si todo el mundo puede terminar los estudios, tú también.

Sé que es aburrido la mayor parte del tiempo, pero piensa

que no durará siempre. Además, si tienes pensado ir a la Universidad, es absolutamente necesario pasar por esta etapa. Quizá de momento tengas claro que no quieres ir a la Universidad, pero, si algún día cambias de idea, al menos tendrás la opción.

Si no te gradúas, seguramente no podrás entrar en la universidad que te gustaría. O, digamos que, si buscas un buen trabajo y no has finalizado esta etapa de tus estudios, probablemente no serás una buena elección. No estoy diciendo que sea imposible tener un gran futuro si no terminas los estudios, porque eso tampoco es cierto. Ha habido mucha gente genial que ha llegado muy lejos sin mucha educación, pero eso no es muy común.

¡Así que resiste y sigue con ello un poco más!

Hazme caso..., si yo fui capaz de acabar la escuela, tú eres más que capaz de hacer lo mismo. Depende de ti si decides continuar tus estudios después de la enseñanza obligatoria, pero, al menos, ¡cumple con el mínimo!

Cuaderno masculino

Este año hay un grupo de chicos en mi clase que no para de hacer el gamba y molestar, y no consigo enterarme bien de las explicaciones del profesor. He pensado en enfrentarme a ellos, pero no sé muy bien qué puedo decirles. ¿Me echáis una mano?

Pregunta para Luzu

Lo primero que sé que puedo decirte

con seguridad es que enfrentarte a estos chicos abiertamente no va a solucionar nada.

Sabiendo cómo reacciona la gente a estas cosas, lo más probable es que, una vez que les hayas expresado tu malestar por su comportamiento, comiencen a encontrar divertido molestarte de forma continuada.

En cambio, quizá te convendría hablar con tu profesor para ver si puedes sentarte más cerca, lo que te permitiría atender mejor. No es necesario que le digas nada sobre estos chicos, simplemente, que en el lugar en el que te encuentras ahora mismo te cuesta prestar atención o incluso que no ves bien la pizarra.

¡Los profesores no se opondrán nunca a ayudar a un alumno que quiere estar más atento a lo que dicen durante las clases!

Cuaderno masculino

Siempre he sido muy mal estudiante y en cuanto pude dejé los estudios para ponerme a trabajar en lo que fui encontrando. Diez años después, me arrepiento de no habérmelo pensado dos veces y, aunque me he replanteado el volver a estudiar, creo que ya soy muy mayor para ello y no sería capaz de sacarme ningún título a estas alturas. Sin embargo, me gustaría reconducir mi vida de alguna forma. ¿Alguna idea?

Pregunta para Lanita

Creo que la edad nunca puede ser la excusa para no perseguir algo que quieres de verdad.

Conozco a muchas personas mayores que un día quisieron cambiar su trayectoria profesional y se pusieron manos a la obra. Se matricularon en algunos cursos universitarios, hicieron lo que tenían que hacer y ahora están encantados trabajando en una cosa diferente. Me acuerdo también de que, cuando asistí a la

escuela de maquillaje, siempre había alguna persona mayor en mi clase. No las despreciaba. ¡Al revés! Las admiraba de verdad por haber tenido el coraje de emprender una vida nueva. No es siempre fácil porque, cuando eres mayor, muchas veces tienes hijos o estás casado y puede que haya gente que dependa de ti para mantener un hogar. Pero aun siendo este tu caso, sigo pensando que serás capaz de encontrar finalmente la manera de solucionarlo.

No hace falta que te matricules en una carrera universitaria de 4 años; puedes encontrar cursos que te ayudarán a desarrollarte en el campo en el que te gustaría trabajar. Quizá puedas contactar con diferentes escuelas o academias y explicarles tu situación.

No tengas vergüenza,
has de estar orgulloso de haber tomado finalmente
las riendas de tu vida.

¡Me alegro mucho por ti! Todo saldrá bien, ¡ya verás!

No solo eso...,
si además encuentras lo que te apasiona
de verdad, no te va a costar nada estar
motivado para aprender
y mejorar en ello; ¡dar un paso hacia
el cambio es el principio del mismo!

Cuaderno masculino

Este año, en una de las asignaturas de la carrera, la nota dependerá de un trabajo en grupo que debo hacer con tres compañeros más. Aunque al principio nos repartimos las tareas, estoy viendo que ellos no están haciendo nada y que vamos a acabar suspendiendo todos. No sé qué hacer, me veo al final haciendo yo todo el trabajo. ¿Qué haríais vosotros?

Pregunta para Luzu

Efectivamente, esta es una situación delicada,

ya que no todos los alumnos tienen las mismas inquietudes ni la misma predisposición a la hora de trabajar, y, por desgracia, esto nos pone en apuros en muchas ocasiones.

Pero también es cierto que los trabajos en grupo se realizan para potenciar precisamente las actividades de equipo, para aprender a apoyarse los unos en los otros.

Creo que tengo algo que puede ayudarte a cambiar la forma de enfocar esta situación. Ahora mismo estás viendo un obstáculo, que son tus compañeros, entre tú y una buena nota en tu asignatura. Te propongo que transformes la manera en que tu cabeza percibe la circunstancia y que, en lugar de un impe-

dimento, veas una oportunidad de potenciar tus capacidades como líder, para conseguir que estos alumnos y tú lleguéis a constituir un auténtico equipo capaz de sacar adelante el trabajo.

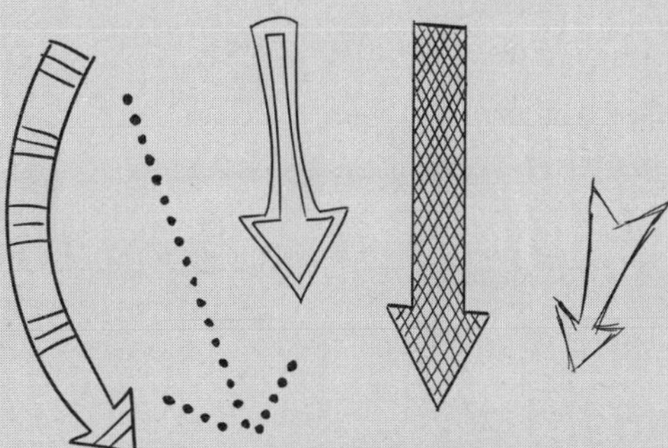

Te aseguro que,
aunque ahora mismo no lo creas,
incluso ellos te lo agradecerán al final.

Cuaderno masculino

Siempre he sido una persona muy creativa y he conseguido ganarme la vida (más mal que bien, la verdad...) gracias a este talento, pero últimamente me siento estancado, como si no fuese capaz de hacer nada nuevo. ¿Cómo puedo encontrar algo de inspiración?

Pregunta para Lantla

Es totalmente normal tener un bloqueo creativo.

A mí me pasa mucho cuando me empiezo a presionar demasiado a mí misma. Cuando me doy cuenta de que estoy en esta fase, todavía me dejo arrastrar muchísimo más. Así que he llegado a la conclusión de que lo mejor que hay que hacer es no pensar las cosas demasiado. Es completamente normal que pases por estas fases y la frustración no te va a ayudar de ninguna manera.

Otra cosa que he descubierto, y que también sirve de ayuda, es salir de mi «zona de confort». Haz cosas que normalmente no harías. Puede ser simplemente salir a comer solo o practicar senderismo... Al hacer estas cosas, expandes tu mente. Exploras

territorios nuevos que pueden, a su vez, traerte ideas nuevas. En consecuencia, te aconsejaría que trabajases en sitios distintos. Probablemente hagas la mayor parte de tu trabajo en tu habitación, así que, en vez de eso, intenta trabajar al aire libre. Quizá en un parque o incluso en un café.

Sienta bien romper la rutina de vez en cuando y dejar que las nuevas ideas fluyan en tu mente.

Cuaderno masculino

¿Puedes ganarte la vida como *youtuber?*

Pregunta para Luzu

Esta es una de las preguntas que más se formulan

alrededor del mundo de Youtube y, por desgracia, en la que se centran muchas personas, tanto de fuera como de dentro de la plataforma.

Efectivamente, puedes vivir como *youtuber,* pero, si este es el único motor que anima tus decisiones, jamás lo conseguirás. Las motivaciones que mueven a todos los *youtubers* de éxito que he conocido tienen más que ver con la pasión que sienten por lo que hacen y la satisfacción que obtienen con su trabajo. Más aún teniendo en cuenta que todos los que han alcanzado cierta fama se han pasado años haciendo vídeos por pasión, sin ganar absolutamente nada, como es mi caso. Y esto es algo que la gente no suele ni plantearse.

Es muy fácil pensar en que un futbolista gana dinero por jugar a su deporte favorito, sin más; pero no hay que olvidar lo complicado que le ha resultado llegar hasta esa posición tras años y años de dedicación con nada más que la pasión como único activo en su cuenta corriente.

Créeme cuando digo que ganar dinero como *youtuber* no es el motivo del trabajo de un verdadero *youtuber,* sino una simple consecuencia del esfuerzo y de la dedicación que ha tenido a lo largo de un camino en el que las luces estuvieron apagadas en muchas ocasiones.

Sí, hacer las cosas solo por dinero es algo que un día te cansará.

Especialmente porque, con la mayoría de los trabajos, llegar a alcanzar un buen nivel de vida no es algo que pase de un día para otro. Así que asegúrate de que decides perseguir algo que te apasione absolutamente. Algo que merezca tu tiempo y tu esfuerzo.

Cuaderno masculino

Tengo un montón de proyectos en la cabeza que me gustaría llevar a cabo, pero siempre hay algo que me frena. ¿Cómo hacéis vosotros para «lanzaros a la piscina»?

Pregunta para Lanita

Siempre va a haber cosas que se interpongan en tu camino.

Quizá sea la falta de tiempo para dedicarte a un proyecto nuevo o que no tengas dinero suficiente. Puede que carezcas de experiencia. Siempre habrá alguna cosa. Pero lo que tienes que hacer, si un proyecto te apasiona de verdad, es dar el salto. Francamente, no se puede hacer de otra manera.

Muchas veces nosotros mismos nos ponemos obstáculos porque estamos asustados y tener una excusa es con frecuencia mejor que afrontar algo cara a cara. Créeme, lo sé por propia experiencia. Yo también soy así. Afrontar retos nos asusta. Nos volvemos vulnerables.

Un buen ejemplo de esto lo tienes en *El Alquimista,* de Paulo Coelho. En el libro, el protagonista conoce a un vendedor de cristales que siempre soñó con ir a Egipto, pero nunca lo había intentado y, probablemente, nunca lo hará. ¿Por qué? Porque a veces es mucho más cómodo tener una idea solo en tu mente y así nunca corres el riesgo de fracasar o de decepcionarte al ponerla en práctica.

Así que, tal como lo veo yo, simplemente ¡hazlo!
No lo pienses más ni te inventes excusas.
Si hay algo que de verdad quieres hacer,
siempre encontrarás la manera de hacerlo.

OK!!

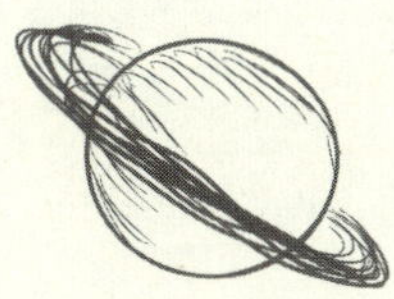

Completamente de acuerdo con Lanita:
empezar es la mejor
manera de hacer
algo real!!

Cuaderno masculino

Hace unos años, cuando terminé la carrera, no encontraba trabajo y me marché al extranjero; allí encontré un trabajo que me gusta, pero tengo pocos amigos y echo mucho de menos España, mi pueblo y mi gente. Me siento muy solo y a veces pienso en dejarlo y regresar. Sin embargo, la situación estaba muy mal cuando me marché y, por lo que me cuentan, no veo que haya mejorado. ¿Qué hago?

Pregunta para Luzu

Como alguien que ha hecho algo parecido,

te entiendo bien, en ocasiones es duro estar lejos de tus amigos, tu familia..., pero también pienso que se hace más difícil cuanto más te concentras en ello. Fíjate en que nuestro cerebro es muy complicado, pero también muy simple: se convierte en aquello que le damos para comer, metafóricamente hablando.

Si todo lo que le suministramos es un pensamiento como «qué mal estoy aquí, quiero volver», entonces eso es lo que nos devolverá constantemente. Sin embargo, si le engañamos y nos concentramos en lo positivo de nuestra situación, él mismo cambiará de manera automática nuestra interpretación de lo que nos rodea. Además de esto, recuerda que te marchaste por un mo-

tivo y para conseguir unas metas, y mi recomendación es que vuelvas cuando hayas conseguido esas metas, o será algo de lo que te arrepentirás para siempre. Echar de menos a nuestros seres queridos no es algo malo, nos enseña a valorar lo que tenemos dentro, pero también es cierto que estarán allí cuando hayamos acabado lo que tenemos que hacer fuera.

Vale, sé que esto te sonará un poco raro, pero ¿has visto alguna vez el programa Rugrats en la tele? Sí, unos dibujos animados de finales de los noventa o principios del 2000. Aunque era un programa infantil, su mensaje era genial. Cada vez que los niños se asustaban o una situación les parecía extraña, era como si el mundo entero conspirara para hacer que aquello pareciera real. No era cierto, pero su percepción de las cosas les hacía sentirlo así. Por eso, como dijo Luzu, si tú empiezas a ser un poco más positivo, verás más cosas positivas en todo lo que te rodea.

Cuaderno masculino

Este año termino la carrera, y cuando miro al futuro lo veo todo muy negro. Como todos, supongo, me gustaría encontrar pronto algún trabajo de lo mío, pero no sé muy bien ni por dónde empezar. ¿Cómo lo conseguisteis vosotros?

Pregunta para Lanita

La cosa, en realidad, es un proceso de prueba y error.

Tanto Luzu como yo tuvimos muchos trabajos distintos (la mayoría de ellos apestaban... MUCHO) antes de convertirnos en *youtubers*. Es totalmente comprensible que tengas un poco de miedo ante el futuro y que te sientas inseguro respecto a un montón de cosas. Nadie encuentra un trabajo de manera inmediata al acabar los estudios. En mi opinión, es mejor que sea de este modo.

Míralo así: solo apreciarás realmente un trabajo cuando hayas tenido muchos otros peores.

¡Es parte de la vida! Y no solo eso: seguro que en cada empleo que tengas aprenderás algo valioso que te ayudará en el siguiente. Así que nunca los veas como una pérdida total de tiempo. Si no hubiera pasado por mi primer trabajo, no habría tenido suficiente experiencia para optar al siguiente. Y lo mismo para el que vino después…

No te preocupes demasiado. Coge los trabajos que te vayan saliendo y no seas impaciente.

En vez de eso, aprende todo lo que puedas en cada empleo que aparezca en tu camino y permanece atento por si sale alguno mejor.

¡Ya llegarán, no te preocupes!

(Pero, al mismo tiempo, ¡no olvides pensar a lo grande!).

Cuaderno masculino

Estoy estudiando Medicina y también trabajo los fines de semana para pagarme mis gastos. Me gusta mi carrera, pero apenas tengo tiempo de nada más, ni siquiera para mi pasión, que es la música. Toco el piano desde hace más de diez años y hasta el año pasado estudiaba en el conservatorio, pero este año lo dejé porque no podía practicar todo lo necesario. Aunque sé que es imposible compatibilizar las dos cosas, la verdad es que me arrepiento porque la música es algo que me hace feliz, pero todo el mundo me dice que debo concentrarme en mi carrera, que es lo importante. Sé que tienen razón, pero eso no evita que siga sintiéndome mal. ¿Habéis pasado por algo parecido?

Pregunta para Luzu

Por supuesto, no sientas que estás dejando cosas atrás,

es normal que en ocasiones tengamos que priorizar y centrarnos en algo. Por un lado, recuerda que concentrarte en tu carrera durante unos años no significa que renuncies absolutamente a la música o a cualquier otra cosa que te apasione, ya que, una vez que hayas acabado y seas médico, tendrás más tiempo para tocar y divertirte, y al mismo tiempo te ganarás la vida con el trabajo genial por el que te has esforzado tanto.

Pero también te diría que no hace falta dejar la música absolutamente de lado.

Como te decía, priorizar significa saber dar a cada cosa la importancia que requiere en cada momento, no convertir algo en el centro único del universo.

Yo mismo, apasionado por el surf y las olas, tuve que apartarme del mar durante 4 años para estudiar mi carrera, ya que la Universidad estaba en el interior del país.

Esto, a pesar de que no me permitía surfear cada semana como venía haciendo, no significó que tuviese que dejar por completo esta afición, pues siempre que podía me escapaba el fin de semana a la costa e intentaba desconectar y pasarlo bien surfeando. Todo es cuestión de saber que es solo algo temporal y a la vez beneficioso, aunque no lo parezca a simple vista.

Cuaderno masculino

Un profesor escuchó (sin yo quererlo) cómo me burlaba de él, y ahora creo que me tiene manía y voy camino de suspender su asignatura, ¿qué hago? Creo que es injusto que me suspenda por ese motivo.

Pregunta para Lanita

Muchas veces

tendemos a pensar que los mayores no se ofenden tan fácilmente como nosotros, pero, como has visto, esto no es así.

Lo mejor que podrías hacer es disculparte. Todo el mundo se equivoca, pero no todos son capaces de asumirlo. Sé tú el más maduro y pídele perdón. ¡Y que sea de verdad!

Estoy segura de que, si le demuestras que lo sientes, te mostrará una cara completamente diferente.

Creo, a pesar de que Lanita está siendo bastante buena, que el único que ha provocado esta situación eres tú mismo, y **en el fondo estás intentando autoconvencerte de que el responsable es tu profesor.**

En mi opinión, disculparte con él sería el mejor paso para que todo se arreglara, sí…, así que ¡hazlo y no te preocupes!

Cuaderno masculino

Estoy en el último año de carrera y me han ofrecido hacer unas prácticas en una empresa. Me gustaría aceptar, pero mi novio, que estudió lo mismo que yo y acabó hace un año, lleva desde entonces en paro y está deprimido porque no encuentra nada de nada. Me siento un poco culpable y tengo miedo de que se enfade conmigo o que se deprima aún más. ¿Qué haríais vosotros?

Pregunta para Luzu

La respuesta esta vez es muy sencilla,

y te aseguro que no hay opción A y opción B: acepta las prácticas. Hay una cita de la película *Coach Carter* que me gusta mucho; viene a decir algo como esto: en ocasiones dejamos de brillar y nos encogemos para no hacer sentir pequeños a los demás, cuando lo que realmente debemos hacer es brillar porque esa luz puede iluminar el camino de aquellos que nos rodean.

Es decir, no tiene sentido que aceptes estar en paro para que tu novio no se sienta un fracasado. Cada persona tiene un camino, y quizá el hecho de ver que tú estás haciendo algo con esfuerzo sea motivación suficiente para que se active en él una chispa que le lleve a hallar una salida. Si al final no es el caso y se deprime más, ese no es tu problema, sino el suyo.

Puedes apoyarle e intentar ayudarle a encontrar trabajo, pero jamás dejar de ser excepcional porque él no haya alcanzado lo que tú sí has conseguido; no sería justo para tu esfuerzo y tu talento.

Cuaderno masculino

Soy Ingeniero informático y estoy harto de solucionar problemas y configurar equipos gratis a familiares, amigos, conocidos y conocidos de conocidos. Cuando alguna vez he dicho que no, he quedado como malo malísimo. ¿Acaso es tan horrible negarme a trabajar gratis?

Pregunta para Lantia

Dios mío, ¡ENTIENDO TU FRUSTRACIÓN!

Yo he pasado por eso y sé que no mola nada. Sé que es duro decir que no, pero a veces hay que hacerlo. Y no deberías sentirte muy mal por ello. Te voy a dar un pequeño consejo que una vez me dieron: Nunca trabajes gratis.

No solamente porque eres tú quien acaba perdiendo, sino porque la gente no valora las cosas que son gratis. He probado esta teoría y me he convencido de que es cierta. Cuando haces algo sin cobrar por ello, todo el mundo piensa que tu trabajo es poco profesional. Al ver el resultado, siempre piensan, «Eh…, esto podría estar mejor hecho, pero es lo que hay si no quiero pagar nada».

Por eso, no tengas miedo de decir que no a las cosas que de verdad no quieras hacer.

Obviamente, algunas veces tendrás que acceder, por ejemplo con tu madre o con otros miembros de tu familia directa, ¡jaja! Pero para el resto de los casos, si no quieres trabajar gratis, hazles saber que vives de esta actividad. Y, aunque parezca un poco duro, pídeles, al menos, un poco de dinero. ¡Diles que les vas a hacer un precio especial! Una vez que empieces a sentirte un poco más a gusto al haber cambiado esta dinámica, ve aumentando el precio a todos aquellos que no sean demasiado cercanos. Poco a poco empezarás a ganar confianza en ti mismo.

Apruebo todo lo dicho por Lana, es agobiante y totalmente reprochable que todo el mundo se aproveche de nuestras capacidades. Aunque cueste,

lo mejor es decir no rotundamente desde el principio

y dejar claro que es tu profesión; si no, te seguirán exigiendo que les ayudes una y otra vez. Haces un buen trabajo y eso cuesta dinero, ¡no lo olvides!

Cuaderno masculino

He empezado hace poco en un trabajo y, aunque el horario es de 9 a 18h, mis compañeros no se van hasta que no se marche el jefe, aunque no tengan nada que hacer. Yo cumplo mi horario, pero sé que hablan a mis espaldas y tengo miedo de que me echen. ¿Debería hacer lo mismo que ellos?

Pregunta para Luzu

Esta es, por desgracia,

una práctica en la que mucha gente suele caer, no en tu caso, pero sí en el de tus compañeros, y lamentablemente es posible que tú hubieses caído también de no haberte parado a pensarlo.

De forma errónea, mucha gente cree que ser productivo es pasar muchas horas en el trabajo, cuando lo verdaderamente deseable es ser capaz de hacer más en menos tiempo.

¿Piensas en serio que tu jefe va a notar que tú estás en la oficina menos horas que los demás? Demuéstrale que eres capaz de hacer más y mejor trabajo marchándote a tu hora. De esa manera conseguirás que se plantee a qué narices se estarán dedicando los demás para necesitar más horas y no sacar adelante ni la mitad de trabajo que tú.

Cuaderno masculino

Llevo un año en paro y mi padre no deja de insistirme para que acepte un trabajo en la empresa familiar. Yo ya conozco el oficio, porque he trabajado varios veranos con él, y la verdad es que no me gusta nada; creo que si finalmente acepto no voy a poder ser feliz y temo acomodarme y no ir a por lo que realmente quiero.
¿Debo resignarme o seguir confiando en que pronto encontraré algo?

Pregunta para Lantta

Aceptar ese trabajo sería tomar el camino fácil,

y comprendo que en ocasiones un trabajo es un trabajo, pero creo que, si aceptaras la oferta, acabarías acomodándote. Tener unos ingresos es siempre algo bueno y a veces confunde nuestras decisiones. Sin darte cuenta, podrías estar trabajando allí durante diez años, porque te has acomodado demasiado, y luego perseguir tus sueños te parecerá descabellado.

Muchas personas acaban sintiéndose fatal en sus trabajos, especialmente si estos nunca han sido algo realmente importante para ellas.

Ten en cuenta que es muy probable que pases el resto de tu vida trabajando, así que más te vale dar con una actividad lo suficientemente agradable.

Aunque ahora mismo te parezca que nunca encontrarás el trabajo de tus sueños, créeme, sucederá. ¡Solo necesitas ir a por él! Cuando lo encuentres, y hayan pasado diez años, te sentirás muy agradecido de no haber escogido aquel camino fácil.

En parte estoy de acuerdo con Lana y en parte no; creo, efectivamente, que aceptar este puesto y acomodarte sería un error, pero desde luego, si lo tomas y realmente utilizas todo tu tiempo libre para diseñar un plan, ya no sería una tontería, sino el trabajo que te permitiría mantenerte a flote dirigiéndote hacia esa otra actividad que en realidad te llene más.

Cuaderno masculino

Después de muchos años soportando trabajos de mierda, he encontrado el trabajo de mis sueños. El problema es que a mis compañeros no les gusto, no sé por qué, y me están haciendo la vida imposible. No sé si hablarlo con mi superior empeoraría la situación o no. ¿Qué debo hacer?

Pregunta para Luzu

Creo que te estás concentrando en las cosas equivocadas.

No te preocupes de tus compañeros, acabas de encontrar el trabajo de tus sueños y no puedes permitir que un puñado de personas lo arruinen. ¿Que no les gustas...? Peor para ellos, porque si vas todos los días a trabajar con una sonrisa y te concentras en pasarlo bien, aprender y disfrutar, da lo mismo lo que piensen.

No podemos dejar que personas negativas que nos encontramos a nuestro alrededor destruyan nuestra vida en ninguno de sus aspectos, o de lo contrario nuestra vida estará a merced de sus deseos.

Toma las riendas de lo que te ocurre y acude cada día a tu trabajo siendo consciente de que por fin has encontrado esa actividad con la que, como dices, tanto has soñado.

Estoy de acuerdo con Luzu, pero también sé que es un poco difícil tener que enfrentarte en tu trabajo a gente a quien no les caes bien. No les gustas porque no te conocen, por eso, intenta acercarte a ellos. Quizá puedas pedirles que te acompañen a la hora de comer.

Sé amable con ellos y no podrán evitar devolverte la amabilidad. No te estoy diciendo que tengan que ser tus mejores amigos, pero si consigues caerles lo bastante bien, te respetarán en el trabajo.

Cuaderno masculino

Soy una chica de 17 años y, aunque en general me gusto bastante —físicamente, quiero decir—, tengo los pechos muy pequeños y me siento muy acomplejada por este motivo. Llevo tiempo ahorrando dinero para operarme, ya casi he alcanzado el objetivo y he encontrado una clínica para hacerlo, pero mi familia se ha enterado y ahora tratan de convencerme para que no lo haga. Incluso mi madre ha llegado a amenazarme con castigarme y otras cosas. Aunque estaba muy decidida a operarme, la presión está haciendo mella y comienzo a replanteármelo. ¿Debería seguir adelante aunque mis padres dejen de hablarme o algo peor, o hacerles caso y seguir siendo infeliz?

Pregunta para Lanita

Este asunto es bastante complicado.

Entiendo perfectamente tu situación, pero también comprendo el punto de vista de tus padres. Quiero que simplemente te acuerdes de que NADIE es perfecto. Todos los habitantes de este planeta se sienten inseguros. Incluso aquellas personas que te parecen guapísimas tienen días en los que no se ven tan espectaculares. Pero, ¿sabes?..., no pasa nada.

Creo que, en vez de fijarte en tus «defectos», tienes que fijarte en las cosas buenas. Haz una lista de aquellas partes de

ti misma que te parecen bonitas. Quizá tus ojos, tus labios, tus manos, tus piernas... Sea lo que sea, concéntrate en eso. Mírate en el espejo e intenta no juzgarte. Por el contrario, admira las pequeñas cosas que te gustan de ti misma. Sé que suena difícil porque solemos ser nuestros peores críticos, pero inténtalo.

En cuanto a la cirugía estética, te aconsejo pensarlo un poco más antes de hacerlo. Comprendo perfectamente que, a veces, hay cosas en nosotros que no nos gustan nada y creemos que seríamos más felices si pudiéramos cambiar aquel rasgo en particular.

No me opongo, en principio, a la cirugía estética, pero creo que en la vida hay mucho más que unos pechos más grandes.

Y, además, podrías gastar en otra cosa más beneficiosa para ti el dinero que emplearías en la operación. ¿Y qué pasa si después de operarte te sigue decepcionando tu imagen? En realidad, pienso que la cirugía estética es el camino fácil. Lo más probable es que estés contenta con el resultado al principio, pero nunca habrás pasado por el proceso de madurez que implica aprender a aceptarte a ti misma.

En conclusión, creo que, la verdad..., todo depende de ti. Aunque opino que deberías esperar y pensártelo bien, la decisión final debería ser tuya.

Cuaderno masculino

¡Ayuda! Tengo un problema, soy muy bajito y la mayoría de chicas de la escuela no quieren salir conmigo por esta razón. Por favor, dadme alguna solución.

Pregunta para Luzu

No te preocupes, no tienes ningún problema, al menos no real.

Algunos de mis amigos que también son muy bajitos son los que siempre han ligado más de nuestro grupo, es una cuestión de confianza y no de centímetros.

Esto quiere decir que el obstáculo no lo pone la estatura, sino tu mente, ya que todo el tiempo te estás diciendo que eres demasiado bajito para esta y esa otra chica, cuando lo más probable es que ellas ni se lo hayan planteado. Si quieres un consejo, quítatelo de la cabeza y acércate a la chica que te guste confiado, no creo que haya ningún problema, siempre que frente a ellas se muestre un tío majo y seguro de sí mismo. Esto también se puede aplicar a las personas que creen que son «feas». ¿Nun-

ca te has planteado por qué las tías más guapas están siempre con el tío más feo del local? En general es porque ha sido al que no le ha temblado el pulso a la hora de acercarse, porque es gracioso, tiene buenas dotes para hablar y no está preocupado de si queda bien o no.

Los temas físicos, en mi opinión, tienen poco que ver con ligar, y sin embargo es con estos aspectos con los que nos solemos obsesionar para ponernos impedimentos a nosotros mismos.

¡Estoy totalmente con él en esto! Siempre le doy más importancia a la personalidad que a la apariencia física.

Cuaderno masculino

Mi problema es que no sé cómo decir que no a las cosas que me piden, y siempre acabo haciendo lo que no me apetece hacer. Pienso que, si empiezo a negarme a algunas cosas, la gente puede acabar por dejarme de lado. ¿Qué creéis que debo hacer?

Pregunta para Lanita

Créeme si te digo que no estás solo.

A veces yo lo paso mal cuando tengo que decir que no, porque uno sabe que cuando lo dice la otra persona se va a sentir un poco ofendida. Pero me he dado cuenta de que a veces hay que ser egoísta. Sea cual sea tu respuesta, uno de los dos se va a decepcionar. Le va a pasar al otro o te puede pasar a ti.

Cada vez que aceptas hacer alguna cosa que no te apetece realmente te estás situando en una posición con la que te sientes incómodo y, muy probablemente, esto acabará afectando tu comportamiento hacia la gente que te rodea. Y esto, al final, hará que ellos también se sientan incómodos y se arrepientan de ha-

bértelo pedido. Estoy de acuerdo en que es bonito complacer a la gente de vez en cuando, pero intenta mantener el equilibrio.

No digas que sí en exceso
ni tampoco lo contrario.

Es importante, además, recordar una cosa: si haces algo que en realidad no quieres hacer, de primeras contentarás a la persona, pero a la larga, mientras te sientas mal por estar haciendo algo que no deseas, acabas por resentirte con esa persona; el resultado no solo será el mismo que se habría producido de haber dicho que no, es que, además, habrás tenido que hacer eso que no querías.

Cuaderno masculino

Mis amigos y yo tenemos pensado irnos de viaje cuando acabemos el instituto, antes de comenzar la Universidad. Queremos que sea algo que recordemos toda la vida, pero cuando llega el momento de organizarlo no sabemos por dónde empezar, ¿podríais recomendarnos algunos sitios o darnos algunas ideas y consejos?

Pregunta para Luzu

¡Claro!

Te voy a poner como ejemplo lo que hicimos mis amigos y yo, que fue inolvidable por muchos motivos: un viaje con InterRail. Desconozco si seguirá llamándose así o si le habrán cambiado el nombre a día de hoy, pero básicamente se trata de un billete que te permite montar en todos los trenes que desees por toda Europa durante un número determinado de días (en nuestro caso, fueron 22).

Mientras mucha gente se alquilaba un apartamento en Benidorm y se iba a morir allí durante diez días saliendo de fiesta, nosotros preferimos hacer este viaje y recorrer todos juntos Francia, Bélgica y Holanda. Creo que no hace falta que te cuente

muchas historias para que te imagines que fue algo alucinante, y que tenemos fotos y recuerdos que nos van a durar para siempre; visitamos sitios fantásticos y fuimos a fiestas increíbles (incluida una en un yate), algo que no creo que hubiese sido posible si solo nos hubiéramos decidido a estar de fiesta en cualquier lado durante semana y media.

Sí, claro que deberíais ir en InterRail!
Cada vez que Luzu habla de aquello, me dan ganas de coger un avión a Europa solo para hacerlo. Creo que sería la manera de viajar más barata e imprevisible. Seguro que tendréis un montón de historias para contar a la vuelta.

Cuaderno masculino

Llevo muy mal lo de los años..., acabo de cumplir 29 y cuando miro atrás no veo nada que haya hecho de lo que sentirme orgulloso. Siento que pasa el tiempo y no tengo ninguna meta que pueda alcanzar. ¿Qué debo hacer para dejar de sentirme así?

Pregunta para Lantta

Nunca es tarde para perseguir lo que quieres en la vida.

Las cosas que parecen estar fuera de tu alcance, probablemente no lo estén. Si les dedicas el tiempo suficiente, podrás lograr tus metas.

Aún eres joven, y ten en cuenta que, si no te esfuerzas ahora en encontrar lo que te motiva, dentro de 10 años pensarás en lo que has dejado atrás y sentirás la misma frustración que hoy. Además, es mucho más fácil perseguir tus sueños cuando eres joven. No te estoy diciendo que tú no lo puedas hacer cuando seas más mayor, pero seguramente entonces habrá más obstáculos en tu camino. Ahora mismo quizá tienes más tiempo y

más libertad para dedicarte a definir y perseguir tus sueños que dentro de unos años. Por eso, ¡sal y ve a por ellos!

Hazlo para que tu «yo de 70 años»
pueda mirar atrás y sentirse orgulloso de su vida.

Cuaderno masculino

Tengo una cicatriz en el muslo bastante grande y fea desde que era pequeña. Me acompleja mucho, pero normalmente no se ve porque está tapada con la ropa. Este año he empezado a salir más o menos enserio con un chico que me gusta mucho y me agobia pensar cuando llegue el verano y me pida ir a la piscina o a la playa... No se me ocurre cómo disimular la cicatriz o qué decir para no tener que quitarme la ropa. ¿Alguna idea?

Pregunta para Luzu

Hay dos cosas importantes que tendrías que valorar de este asunto.

La primera es que esa cicatriz es parte de ti y no deberías avergonzarte de ella, sino ver que no pasa nada y que es simplemente tu pierna. La segunda es que a tu pareja, si realmente es alguien que merece la pena un poco, no le va a importar, al contrario, intentará hacer que te sientas cómoda y te des cuenta de que no hay razón para tener vergüenza alguna.

No puedes plantearte cosas como esconderla o hacer que se note menos. Cuanto más tratamos de disimular algo es cuan-

do hacemos más visible que tenemos un problema con ello y, por tanto, trasladamos ese problema a los demás. Hasta tal punto es así, que te diría que no esperes a ir a la piscina con tu chico: cuéntaselo ya. Piensa que, si vas a pasar mucho tiempo, o incluso la vida entera, con una persona, el esperar un mes, dos o tres a decirle algo no tiene absolutamente ningún sentido.

Estoy de acuerdo. De todos modos, creo que todo el mundo tiene algo de lo que se avergüenza, algo que le gustaría que fuese diferente, y no pasa nada. Todos somos humanos. Simplemente no dejes que este tipo de cosas marquen tu vida. No tengas miedo de enseñar tu cicatriz. Al contrario, acéptala. La cicatriz está allí por algo, probablemente hayas pasado por una experiencia traumática y esto queda como una marca de supervivencia.

Así que ¡no te avergüences de ello!

Cuaderno masculino

Soy un chico bastante majo y con bastantes amigos, pero algo introvertido, y mi problema es que no sé tener «conversaciones de ascensor», por ejemplo cuando coincido con mi jefe en el servicio o con algún vecino en el portal. Me pongo muy nervioso, no se me ocurre de qué hablar y siempre acabo diciendo algo inapropiado o con un silencio incómodo. ¿Algún consejo?

Pregunta para Lanita

Creo que el mejor consejo que me han dado nunca ha sido este:

«Cuando no sepas qué decir, simplemente pregunta». A mucha gente le encanta hablar de sí misma.., jaja. ¡Pues así tendrás la oportunidad de llegar a conocerlos mejor! Probablemente te sientes así porque no conoces nada o casi nada de las personas que tienes en frente, así que la única manera de cambiar esto

sería hablando con ellas. Sé cómo te sientes, yo también soy muy introvertida.

Me pongo extremadamente nerviosa cuando tengo que «dar conversación», porque mi impresión es que resulta realmente falso. ¡Así que cámbialo!

Pregunta y muestra verdadero interés.

Puedes empezar con un simple «¿Cómo estás?», y seguir a partir de ahí. ¡No pares de preguntar! Si contestan, por ejemplo, «Bien, pero el trabajo es un poco estresante», tu sigue con un «Vaya, ¿de verdad?... ¿Y eso?». Si la persona con la que has empezado a conversar observa que estás realmente interesado, se abrirá más y no parecerá que estás hablando por hablar. Crear un vínculo con quienes te encuentras constantemente es a menudo mejor que no tener ninguno. Sobre todo cuando se trata de tu jefe. ¡Pruébalo!

Como dice Lanita, empezar con preguntas te ayudará a romper esa barrera, pero, además, con el tiempo hará que la timidez poco a poco vaya desapareciendo.

Lanita, ¡estás en todo!

Cuaderno masculino

Después de tantos años estudiando (carrera y máster) y tantos otros trabajando de becario sin cobrar nada, conseguí un trabajo fijo que me gusta, a pesar de que no gano mucho. Decidí independizarme de mis padres y, aunque al principio todo era ideal, poco a poco se ha ido convirtiendo en una pesadilla de pelusas por las esquinas, pilas de platos sin fregar, comida basura y facturas sin pagar. ¿Debería claudicar y regresar con mis padres o hay algún truco para sobrevivir a la independencia?

Pregunta para Luzu

Bueno, estás pasando por un momento por el que todos y cada uno de nosotros atravesamos:

aquel en el que vivimos de manera casi inhumana entre basura y caos, antes de darnos cuenta de que, efectivamente, no queremos seguir así. Sé que suena absurdo, pero es necesario..., nuestro cerebro necesita experimentar ese estado crítico, ver

esas pelusas que nos miran fijamente, oler esos platos asquerosos para decir: «¡Se acabó, es hora de cambiar!».

Así que creo que no debería ni siquiera darte un consejo, porque tú mismo te has dado el mejor, que es la experiencia de pasar por lo que acabas de pasar, de alcanzar ese límite que hace que ya estés listo para vivir una vida con oxígeno y aire más sano, en un ambiente más saludable, con suelos limpios en los que tirarte a jugar con tu perro como si estuvieses en un anuncio de papel higiénico..., y con todas esas cosas que te estarás imaginando.

Es genial independizarse,
aunque cuesta un poco al principio,
y es también la manera de aprender a valernos
por nosotros mismos y a valorar la comida de casa
cuando vamos de visita el fin de semana, ¡jaja!

Cuaderno masculino

Tengo 31 años y mi pareja me dice que soy demasiado mayor para jugar a videojuegos. ¿Tiene razón? ¿Qué cosas se supone que deberían interesarme a esta edad?

Pregunta para Lanita

Iba a dejar a Luzu contestar esta pregunta, pero creo que para ti una respuesta desde el punto de vista de una chica sería más interesante. Ahí va...

Creo que casi todas las chicas a las que conozcas van a opinar lo mismo sobre este asunto. Me acuerdo cuando Luzu empezó su canal de *gaming,* y tengo que decir que, francamente, al principio no le pillé la gracia. Además, creía que jugar a videojuegos era algo solo para niños. La razón es que las chicas (la mayoría de las veces) no le encuentran la gracia a los videojuegos. Yo misma nunca he sido fan, pero con el tiempo me he dado cuenta de que el hecho de que algo no me guste no significa que deba imponer mis «creencias» a otra persona. Cada uno de nosotros

tiene gustos diferentes y sería conveniente aprender a respetarlos. En vez de decirle a Luzu que no debería jugar, decidí intentar entender por qué le gustaba tanto. Me metí en el asunto con la mente abierta.

Creo que en una relación nunca deberíamos ser dictadores. No tendríamos que decir a las personas lo que pueden o no hacer.

Esta no debería ser la manera de hacer las cosas. Intenta, quizá, enseñar a tu pareja por qué tienes esta afición. Invítala a jugar contigo, aunque pienses que estaría totalmente en contra. Creo que todos podemos pasarlo bien jugando de vez en cuando, aunque no estemos particularmente interesados en ello. El hecho de que disfrutes con los videojuegos no debería afectar a tu relación, ya que, en realidad, no le estás haciendo daño a nadie. De momento, ella simplemente no lo entiende, por eso tienes que intentar explicárselo. Seguramente tardará un poco en asimilarlo, pero una vez que lo haga será muy gratificante para los dos. Suerte.

Efectivamente, el involucrar a tu pareja en un hobby que tienes y no comprende es la mejor manera de lograr que te entienda o, al menos, vea lo importante que es para ti; no creo que en ningún caso debas dejar de hacer algo porque a ella le parezca infantil. Si te gusta hacerlo significa que es parte de quien eres; ¡no lo cambies por agradar a nadie si no les hace ningún daño!

Cuaderno masculino

Qué es lo que necesitamos para ser felices? Veo a la gente de mi alrededor que es feliz y no sé cómo conseguirlo.

Pregunta para Luzu

Yes!!... la pura verdad!

Aquí habría que tener en cuenta dos cosas:

ni la gente de nuestro alrededor es tan feliz como parece ni nosotros somos tan infelices como pensamos. La felicidad es un tema que siempre nos obsesiona, y más que un estado en el que nos encontramos se trata de un objetivo al que siempre nos dirigimos. En nuestra vida, y creo que esto es común a todas las personas de este planeta, siempre distinguimos cosas que creemos que nos están impidiendo ser felices: este trabajo, ese jefe, esa pareja que me hace daño, mi físico, esta ciudad..., cuando en realidad lo cierto es que el hombre no necesita tantas cosas complicadas para ser feliz.

El filósofo Epicuro sostenía que una persona, para alcanzar la felicidad (digamos para poder optar a ser feliz), solo necesita comida, ropa y cobijo. Lo que quería decir con esto no es que con esos tres elementos uno será feliz, sino que, una vez cubiertos esos tres aspectos (sin los cuales no tenemos bienestar), la felicidad es cosa nuestra. Todo lo que viene después son falsos obstáculos que nos ponemos porque siempre queremos algo más o una situación distinta a la que vivimos.

Es fundamental saber conceder siempre
la importancia debida a las cosas que creemos necesitar,
pero también que sepamos des-demonizar aquellas
que creemos que no funcionan en nuestras vidas.

¡Qué divertido ver a Luzu compartiendo esto...! Es algo
que he oído tantas veces a lo largo de los años que hemos
pasado juntos... Es una de las cosas que más me gusta de
todas las que ha compartido conmigo, así que me encanta
que ahora te lo cuente a ti. Es cierto, la gente se obsesiona
con la idea de ser feliz hasta el punto de crear una
fantasía en su cabeza.

Intenta ver las cosas
de manera más simple.

Cuaderno masculino

Soy un chico de 15 años que le da mil vueltas a todo antes de dar un paso. A veces siento que mi cabeza me va a estallar de tanto pensar y creo que la gente de mi alrededor tampoco me comprende. ¿Cómo puedo convertirme en una persona «de acción»?

Pregunta para Lanita

Efectivamente, el único secreto es dejar de darle demasiadas vueltas a las cosas y actuar.

Cuando te pilles a ti mismo analizando excesivamente algo, simplemente deja de hacerlo y pasa a la acción.

Al principio va a ser un poco difícil y te dará miedo, pero llegará el momento en que verás un cambio en ti.

Aunque a veces es bueno pensar muy bien las cosas, no puedes estar siempre conteniéndote porque las posibles consecuencias de tus acciones te asusten demasiado. Sobre todo porque uno nunca sabe cómo sale algo hasta que no lo hace.

Por eso, no dejes que el miedo al fracaso sea un constante obstáculo en lo que te propongas hacer.

Creo que hay algo que Lana ha dicho que tienes que tener en cuenta, y es que pensando en todo demasiado perdemos tiempo. No solo eso, sino que además, **en ocasiones, podemos llegar a usarlo como excusa para no enfrentarnos a cosas que nos asustan.** Aunque no lo creas, en algunas circunstancias el piloto automático da mejores resultados que horas de planificación.

Cuaderno masculino

Después de terminar el máster, me ofrecieron un trabajo muy mal pagado, con promesas de contrato fijo y posibilidades de ascender, pero han pasado dos años y eso nunca llega. Es más, he escuchado rumores de que quieren contratar un becario para mi puesto porque les saldría más barato. He pensado en hablar seriamente con mi jefe y presionarle para que cumplan con lo prometido, pero no sé cómo abordarle ni si será peor. ¿Qué haríais vosotros?

Pregunta para Luzu

Lo cierto es que, si te paras a pensar bien en esta situación,

te darás cuenta de que es muy poco probable que consigas arreglarlo presionando a tu jefe. Si lo que dices es cierto y esos rumores que has oído también, solo podrás conseguir que tu jefe acabe por decidirse y contratar ese becario, o bien que accedan a tus peticiones, pero te mantengan de mala manera en tu puesto, y creo que a la larga sería más perjudicial que otra cosa.

Todo esto suena a que necesitas un nuevo trabajo, con gente nueva y en el que sientas que eres una pieza valiosa de la empresa.

Muchas veces no es nuestra culpa,
simplemente vamos a parar a una cloaca
y solo podemos respirar cuando salimos de ella,
así que busca aire antes de que te ahogues.

Cuaderno masculino

¡Ayuda! No puedo dejar de comer comida basura. Desde siempre, el chocolate, los dulces y la *pizza* son mi perdición, pero últimamente he tenido bastante estrés con los exámenes y parece que solo me alimento de eso. ¿Cómo puedo hacer para pararlo?

Pregunta para Lantta

Lo que a mí me ha funcionado es simplemente asegurarme de que este tipo de cosas no están a mi alrededor.

No las compres y ya está. Cuando estamos estresados nos refugiamos en la comida y, si no hay nada poco saludable o que engorde en la nevera, no haremos el esfuerzo de ir a la tienda a buscarlo. En vez de eso, piensa en otras alternativas. Por ejemplo, en lugar de comer chocolate, cómete un trozo de fruta y añade, quizá, un poco de miel para darle un toque dulce y que no te parezca tan insípido.

Intenta también cocinar más cantidad, para tener siempre comida en tu nevera y no tener que recurrir en el último momen-

to a las *pizzas* a domicilio. Busca platos fáciles y saludables que no requieran demasiado esfuerzo.

Otro consejo sería no ir nunca a comprar con hambre. Si no, querrás comprar 40 tabletas de chocolate, 12 bolsas de patatas distintas y algunos (o muchos) donuts…

Sabes de lo que hablo, jaja. En vez de esto, haz la compra después de ir al gimnasio o en un momento del día en el que te sientas muy bien contigo mismo y estés motivado para llevar una vida más saludable.

Sé que es un poco difícil romper con el hábito de la comida basura, pero con un poco de dedicación y estrategia ¡podrás lograrlo!

¡Tú puedessss!!

Cuaderno masculino

Acabo de cumplir los 18 y sigo sin saber qué hacer con mi vida. Todos mis amigos están estudiando o trabajando, y yo decidí tomarme un año sabático para ver por dónde quería tirar; eso fue hace seis meses, y todavía no tengo ni puñetera idea. Encima, mis padres están todo el día detrás diciéndome que haga esto y lo otro y que, si no quiero hacer nada, que estudie una oposición para al menos tener algo. ¿Cómo puedo aclararme las ideas?

Pregunta para Luzu

La verdadera pregunta que necesito que te hagas es la siguiente:

«¿Durante estos 6 meses, he hecho todo lo que estaba en mi mano para descubrir qué es lo que quiero hacer? ¿He hablado con gente de distintos sectores? ¿He probado con diferentes trabajos? ¿He asistido a charlas? ¿Me he tomado el tiempo de investigar qué asignaturas y salidas tienen algunas carreras que podrían interesarme?»...

Y ni siquiera necesito que me respondas, porque tú y yo ya sabemos la respuesta. Si tus padres te dicen que hagas algo, es porque ven que no haces nada en todo el día y están empezando a cansarse. Tienes que ser activo y consecuente con las cosas que quieres y, si efectivamente te tomas un año sabático, que sea un año bien aprovechado para hacer cosas, descubrir cuáles son tus metas y aprender qué es lo que quieres hacer.

No permitas que pase un año entero sentado en casa todos los días, pero, sobre todo, no te digas a ti mismo que no encuentras nada. Nadie que busque de verdad se va con las manos vacías.

Creo que otra cosa genial que podrías hacer es intentar informarte sobre personas a las que admiras. Quizá eres fan de un futbolista o de un escritor. Sea quien sea, lee sobre su vida. Puede que esto te traiga algún tipo de estímulo.

Muchas veces, leer sobre los éxitos de otra gente es la mejor manera de inspirarnos y motivarnos.

Pruébalo y ya verás.

Cuaderno masculino

Pienso a menudo en el pasado y me arrepiento de muchas cosas que hice o que dejé pasar entonces, y esto me hace sentir como una mierda. ¿Es normal? ¿Podré superarlo algún día?

Pregunta para Lanita

Creo que tienes que aceptar el hecho de que lo pasado pasado está.

No hay nada que puedas hacer para cambiar las cosas. Así que, en vez de desperdiciar tanto tiempo pensando en lo que te gustaría haber hecho de otra manera, concéntrate en cómo todo lo que has vivido va a cambiar tu forma de hacer las cosas en el futuro. Lo bueno que tienen los errores es que con ellos aprendemos mucho sobre nosotros mismos. Conocemos nuestras fuerzas y hasta dónde podemos aguantar. También aprendemos que a veces dar un salto es mejor que ir a lo seguro.

Cuando me pongo triste pensando en algo que me ocurrió en el pasado, siempre acabo recreando en mi cabeza una escena de *El Rey León*. Hay un momento de la película en que

Simba vuelve a encontrar a Rafiki, el mandril loco (y sabio), después de muchos años. En la conversación, Simba empieza a explicarle que tiene miedo de enfrentar su pasado; antes de que termine su frase, Rafiki coge un palo y le da un golpe en la cabeza. Simba grita «¡Eh!, ¿por qué has hecho eso?», y Rafiki contesta: «No importa, está en el pasado». Simba replica: «Sí, pero aún duele». Y Rafiki entonces dice: «Sí, el pasado puede doler. Pero, tal como yo lo veo, se puede huir de él o... aprender». Rafiki vuelve a coger el palo con la intención de golpear de nuevo a Simba, que se agacha a tiempo de evitar el golpe. Rafiki concluye: «¿Lo ves?». ¡Esta escena me encanta!

Lo que hace es demostrar que sí...,
duele cuando metemos la pata,
pero ¡es el pasado!
Por eso, aprende de él y sigue adelante.

Creo que algo de lo que la gente no se da
cuenta es de que los errores, las cosas
malas que nos han pasado
y muchas de las situaciones
y vivencias de las que nos arrepentimos son
parte de la razón por la
que somos quienes somos...
NO TE ARREPIENTAS DE NADA.

Despedida

Esperamos que este pequeño libro os haya ayudado. Como siempre hemos dicho, no debemos tener miedo a equivocarnos y cometer errores, puesto que la experiencia en la vida no se adquiere ganando cada carrera, sino aprendiendo de los fallos que hemos tenido en aquellas que perdimos. Y si en un momento determinado sentís que os fallan las fuerzas para luchar contra los problemas que surgen, podéis reflexionar, igual que solemos hacer nosotros, sobre lo siguiente:

«¿Qué va a pensar de este problema mi "yo" de 70 años? ¿Qué recordará ese viejito de la situación por la que estoy pasando ahora mismo?»

Pronto os daréis cuenta de que la mayoría de dificultades a las que nos enfrentamos, a pesar de parecernos terribles en un instante concreto, no representan prácticamente nada si las contemplamos desde la perspectiva más amplia de nuestra vida en su totalidad.